Tú abres la puerta de la felicidad

Tú abres la puerta de la felicidad

Decídete a transformar tu vida
a través del amor, la sanación y la fe

Gabi Caccia

alamah

alamah○

Copyright © 2009, Gabriela Caccia
De esta edición:
D. R. © Santillana Ediciones Generales, S.A. de C.V., 2009.
Av. Universidad 767, Col. del Valle.
México, 03100, D.F. Teléfono (55 52) 54 20 75 30
www.alamah.com.mx

Primera edición: noviembre de 2009
ISBN: 978-607-11-0299-7

Diseño de portada y de interiores: Victor M. Ortíz Pelayo - www.nigiro.com
Ilustraciones: Verónica Céline Ramos Báez

Impreso en México

Índice

Segunda Parte

Agradecimientos

Deseo, antes que nada, expresar mi amor y gratitud a Dios, que me creó a su imagen y semejanza, y siempre ha estado en mí. A Carmen, mi madre, que me enseño el orden y la pulcritud, a René Eduardo, mi padre, de quién aprendí, entre muchas cosas, la disciplina y el gusto por la lectura; de mis padres recibí el libro que cambio mi vida: Los Cuatro Acuerdos. A mi abuelo Lauro, que me enseñó el arte de los cuentos; a mi abuela Carmen, que me transmitió el gusto por la cocina, la costura y me dio siempre ejemplo de tenacidad. A mis hijos: a Carla Gabriela, por enseñarme que se puede lograr todo y a soñar en grande, ella tuvo la fuerza y el amor inmenso para confrontarme cuando el cáncer tocó mi puerta; a Carlos Alberto, quien me impulsó a estudiar para entender la enorme brillantez de su mente, quien con su música y pasión deleita, dibujando castillos en los que muchas veces yo soy la reina; a Daniela, por su firmeza y por mostrarme la dualidad hermosa del ser humano, ella es bailarina y futbolista, gracias por estar y no estar, por recordarme que *la Realidad se Crea por Acuerdos*, y por ayudarme a verme en el espejo; a mi cuarto hijo, que hoy es un ángel en el cielo y que en breves momentos me reveló el misterio de la vida.

A Carlos Alberto Sainz D., el padre de mis hijos, por haberme acompañado durante una travesía por la vida llenando mi vida de vivencias, por acompañarme en el descubrimiento del gran tesoro de haber sido madre: gracias por los momentos vividos a tu lado. A Claudio, Martha Aidé, Martha, Ana y Juan Sainz Aldana, quienes generosamente dieron lo que tenían para que yo fuera atendida en el hospital y que durante muchos días y semanas compartieron con nosotros sus alimentos; a Vita, gracias por tu prudencia; a Victoria, Yolanda y Rosa, por los tiempos bellos que compartimos.

Gracias a Don Miguel Ruiz, maestro del amor incondicional, del desapego, por los maravillosos *Cuatro Acuerdos*, que me llevaron a creer en mí y a olvidarme de las mentiras, gracias Miguel por enseñarme de una manera tan sencilla, que yo soy la artista de mi vida.

Quiero agradecer muy especialmente a David Steinberg, mi amigo, yerno, socio y maestro, él me enseñó a separar los juegos de la vida, me compartió el gran conocimiento que tiene del arte de estos juegos, gracias David por confrontarme de la manera que lo hiciste, porque contribuiste a que yo cambiara mi realidad, gracias por la sonrisa y la alegría con la que siempre te proyectas. También gracias a tus padres Alejandro y Esther, por guiarte.

Manifiesto mi respeto y gratitud a mi amigo Marco Antonio Regil, quien me enseñó con su facilidad para transmitir alegría y disciplina, que la congruencia es esencial en el ser humano y que la Misión es primero si se quiere llegar lejos.

Mi admiración y gratitud a Robert y Kim Kiyosaky, que con la magia de sus enseñanzas confrontaron mi realidad financiera, haciendo posible salir de la carrera de la rata. A Blair Singer, maestro y amigo, él me enseñó la importancia de aprender a jugar en equipo y que para saber vender se requiere energía. A Jayne Johnson, por enseñarme a clarificar mis metas.

Quiero manifestar mi gratitud a mis amigos: a Susana y Alfonso González Balp; a Mari Pili, Pepe, Pili y Ana Mari Aldana Barberena; a Mari Merche, Mari Tere y Francisco Barberena; a Humberto y Carlota Vázquez Tello, a Juan y Mónica Venegas Méndez, a Ricardo y Lety Peregrina Santoscoy, a Ivonne y Eduardo Orendáin Gutiérrez, a Ricardo y Carola Lona, a todas las mamás catequistas del Instituto de la Vera Cruz, que en su momento hicieron posible el milagro de que las quimioterapias que recibí fueran pagadas. A Luci García de Alba, Gaby Morfín, Sarita Moreno, Mane y Luli Obregón, a Ana Barón, Lupita Carranza, Paty Navarro, Lety Loza y Esperanza Barba, por apoyarme de una manera incondicional. A Lorena Patiño y Lorenita Carmona, por poner en las manos de mis padres las obras de Don Miguel Ruiz.

Y a todas las personas que contribuyeron con sus oraciones para enviarme su luz y cooperaron de muchas maneras para hacer el milagro de que recibiera mi tratamiento. A Xavier Moya, por acompañarme en mi camino de sanación, por el regalo de Un Curso de Milagros; al doctor Francisco Alexander, mi oncólogo, por permitirme desafiar la vida con amor y por acompañarme. Muy especialmente expreso mi gratitud a una mujer fuera de serie, Gabriela Vázquez Baeza MMB, quien me enseñó el rostro amoroso de Dios.

Un profundo agradecimiento a mi editorial: a Fernando Esteves, por permitir que este libro sea una puerta al amor y a la felicidad de muchas personas; a Paty Mazón por las horas dedicadas y el cuidado profundo de cada detalle de este libro. A César Ramos, mi editor, que dio sentido y estructura a este libro, que ha hecho posible que estas letras tomen forma y claridad, a Víctor M. Ortiz Pelayo, por el empeño en el diseño editorial de esta obra.

A Eduardo, Laura, Fernando y Mauricio, mis hermanos, por ser parte de mi vida, cada uno con sus matices ha dejado en mí una huella amorosa. A mis cuñadas y más que eso, Itzel, Rosi y Gaby, de quienes he recibido grandes momentos de alegría y enseñanza; a mis sobrinos, Diego Eduardo, Luisa Fernanda, Emilio, Alessandra y Fernando, por ser parte de mi árbol familiar y llenarlo de frutos deliciosos.

A todos mis clientes, que han enriquecido mi vida con su historia, para hacerme más amorosa y empática, especialmente a aquellos que han enfrentado la enfermedad desde el amor para sanarse, aunque su cuerpo haya caducado.

A Ignacio Osorio Blanchet, por afrontar el cáncer con amor, por compartir el hecho de haber entendido que él no es su cuerpo, ni su mente, ni sus emociones, ahora sabe que es y será siempre un Ser maravilloso de luz; a Chari Osorio, Tatis y Sara Méndez, por recordar que son amor y salud. A Pedro Cortina del Valle, por la determinación de permanecer activo sin importar los obstáculos. A la maestra Mara Lee, quien se adelantó en paz y me enseñó a aceptar la vida con alegría.

Quiero también reconocer la colaboración de todas las personas que con su confianza y generosidad me inspiraron a que escribiera: José y Sylvia Medina; Salvador Sánchez, Héctor Jaspersen, Marco y Natalia Novoa; César Gómez, Mari Lomelí, Lorena Plasencia, Rafa Agüero, Moses Zonana, Carito Lona, Aurora Padilla, Raúl, Conchis y Raúl Jr. Rivera; a Efrén y Carina Campos, a Fabiola Licea, Minerva Puell, Lorena Tassinari, que con su música inspiro mi sanación, a Monika Sánchez y a Irma Rodríguez, mi profesora de primer grado, de quien siempre guardo en mi corazón memorias de alegría; a todos mis radioescuchas que han seguido desde 2005 el programa La Puerta, todos los lunes; a Mariana Díaz por creer en este proyecto en Radio Vital. A todos y cada uno de los seres que se han cruzado en mi camino, gracias por existir... sé que tal vez omití a alguno de ustedes a quien quiero tanto y les pido una disculpa.

A David García, por amarme y ser hoy parte de mi vida, por enseñarme la sencillez y la libertad, con su música y armonía me inspira a que escriba y de forma a este material, gracias por las largas caminatas tomados de la mano y por cuidarme de la manera en que lo haces. También, gracias a tu familia pues me ha acogido con amor y ternura como a una hija, por ello gracias a tus padres David y Alba Dora, a tus hermanos, Alba Claudia, Gerardo y Margarita.

De una manera muy especial te agradezco a ti, lector, que tomas este libro en tus manos porque deseas abrir La Puerta de la Felicidad y del amor que habita en ti y en todo el universo; yo soy sólo una mensajera que agradezco tu acercamiento y te percibo como una obra de arte de la naturaleza: ¡gracias!

Prólogo de Don Miguel Ruiz

Pasamos las horas del día preocupados por saber cómo llenar nuestros vacíos con cosas materiales, cómo adquirir bienes o cómo conseguir objetos que alivien nuestra cotidianidad mecánica. A veces en esa búsqueda nos estresamos, discutimos, nos desilusionamos, y llegamos a casa abatidos porque los proyectos no salieron como pensábamos, nos ponemos tristes porque las cosas no se hicieron como nosotros las queríamos. Ocupados en satisfacer numerosas necesidades físicas, en resolver problemas que están lejos de nuestras capacidades o de nuestra incumbencia, a veces olvidamos que lo más importante en la vida es nuestro equilibrio físico y emocional: el encuentro con la felicidad.

Pero lo que en verdad resulta lamentable es que en ningún momento del día nos ocupamos de lo más relevante: nuestro equilibrio con el universo, la importancia de estar bien con nosotros mismos, de saber que la tranquilidad y el bienestar deben ser primero que cualquier otra circunstancia, la importancia de amar al prójimo y dejar en cada objeto, persona o minuto una semilla de nuestra alma, una gota de amor. Si reflexionamos un poco nos daremos cuenta que en ocasiones, incluso por esa búsqueda desenfrenada de cosas materiales, no nos damos tiempo para vivir mejor, amar la vida y amarnos a nosotros mismos con honestidad y convicción

Por eso este libro de Gabi Caccia me cautivó profundamente, sus páginas están llenas de entusiasmo por vivir y deseo de compartir, calidez humana y lecciones de vida orientadas a la superación constante. Gabi hace a un lado aspectos prescindibles de la existencia para enfocarse en una necesidad vital: ser feliz, valorarse, amar al otro y amarse a si misma, enfrenta la enfermedad y las rupturas con valentía y dignidad. Pues durante, y después, de una experiencia de vida terrible, la enfermedad del cáncer, Gabi pudo resolver una serie de problemas existenciales que la tenían agobiada, tensa y muy lastimada física y espiritualmente.

¡Es increíble que el cáncer le haya abierto los ojos para alcanzar la entereza y la dicha! ¡Qué fortaleza tuvo para convertir la adversidad en oportunidad, el sufrimiento en opción para ser mejor!

Suena contradictorio y aparentemente es difícil de entender pero Gabi Caccia lo explica de una forma maravillosa en este libro: su padecimiento le sirvió para valorarse, recapacitar, desprenderse de las máscaras negativas del yo y concebir el amor como un camino, un objetivo, porque ella lo sabe bien: amor no es egoísmo, amor es dar, amor es abrir la puerta para recibir la energía de los elementos y nosotros, a su vez, debemos compartir esa fuerza que la naturaleza o el poder superior nos otorga.

Todos los seres humanos tenemos experiencias de luz y de sombra, momentos de revelación y de duda, pero si anteponemos a los momentos negativos los instantes de alegría y reconciliación –como lo hizo la autora de estás páginas-, las horas de calma con los demás y con nuestra esencia, sin duda nuestra familia será más íntegra, nuestros hijos, padres o hermanos verán en nuestros ojos el sabio mensaje de la naturaleza: con la fuerza del amor, el mundo será mejor.

Esta idea me nace al leer a Gabi Caccia, pues en su testimonio sincero, profundo y cierto, me doy cuenta de que no importa cuáles sean las adversidades (¿hay mayor infortunio para un ser humano que vivir los rigores de una enfermedad tan severa como el cáncer?), no importa cuáles sean las pruebas que encontramos en nuestra búsqueda del equilibrio; lo realmente fundamental es la capacidad que tenemos para superar cualquier peñasco y llegar libres y serenos al paraje donde nos aguarda un estanque claro y un rumor de serenidad.

Realmente me conmueve cuando afirma que quiere avanzar en la vida sin importar las condiciones en las que se encuentre y haciendo a un lado los resentimientos; su temor lo convierte en ilusión, su deseo de tener la razón sufre una transformación profunda para sólo desear la felicidad, la claridad espiritual para elegir el camino correcto.

Gabi Caccia nos enseña con el ejemplo, con su valentía y su fortaleza espiritual, nos habla del manejo de las emociones desde una perspectiva original y positiva, nos alerta sobre la necesidad que tiene el ego de empañar nuestras voluntades; reflexiona acerca de la enfermedad vista como un aliado, sin olvidarse del maravilloso poder que tiene la mente para alcanzar la luz, por eso Gabi es un ser luminoso, un ser que transmite el mensaje vital de la vida, ella afirma: "Pidamos lo que pidamos siempre seremos escuchados. El universo es infinitamente generoso y sin duda alguna obedece estas leyes."

Termino de leer este libro de Gabi Caccia y una gran emoción recorre mi alma, una felicidad reposada colma mis pensamientos. Gracias Gabi por compartir tu vida, por enseñar a tus lectores que nosotros hacemos la felicidad, que somos responsables ante el universo de lo que deseamos y de lo que ofrecemos; gracias por aportar a nuestras dudas momentos de claridad y de amor infinito.

PRIMERA PARTE

Mi historia antes del cáncer

Mis primeros años

Nací en la ciudad de México, en el seno de una familia de costumbres rígidas; soy la tercera de cinco hermanos: el mayor es Eduardo, la siguiente es Laura, después nací yo; siete años más tarde nació Fernando Arturo y dos años después, Mauricio. Fui educada en forma semi-tradicional, y, aunque mis padres nunca me inculcaron ninguna religión, sí insistieron en la obediencia.

Mis primeros años los viví en la colonia Hipódromo Condesa, una zona muy hermosa de la ciudad de México. Mi casa estaba entre dos parques muy conocidos: el Parque México, y el Parque España. Recuerdo muy bien que jugaba en el Parque México y le daba de comer a los patos que estaban en el lago, también recuerdo el minibús que paseaba a los niños del parque y a mis abuelos maternos, que siempre estaban presentes y a

quienes quise mucho. Guardo en mi memoria con cariño estos gratos momentos de mi infancia.

Conforme pasaron los años y fui creciendo, nos mudamos varias veces de casa, lo cual marcó fuertemente mi vida. Debido a tantos cambios siento que no enraicé en ningún sitio, no tenía amigas con las que me identificara y con quien pudiera compartir. Mi madre solía decir que las amigas no existen y que, si acaso existieran, se contarían con los dedos de una mano y aún así sobrarían dedos. Lo creí por muchos años, hasta que más tarde cambié esa creencia.

Pasé otra época de mi vida en Cuernavaca, Morelos, y conservo maravillosos recuerdos de este lugar, pero también viví situaciones dolorosas. Aprendí a nadar muy bien; era algo que disfrutaba entonces y que gozo mucho en la actualidad. Mi padre me enseñó a leer el reloj, aunque esa fue una experiencia triste porque no me resultaba fácil entenderlo y mi padre se mostraba desesperado conmigo. Fue justo en esta etapa cuando empecé a perder mi autenticidad por miedo a ser rechazada. Comencé a fingir ser distinta y poco a poco mi vida se fue llenando de dolor, miedos, turbias alegrías, mentiras y máscaras.

A los siete años de edad me hacía preguntas sobre quién era yo y por qué estaba en esa casa y conviviendo con las personas que eran mi familia. Me parecía extraño sentirme así, pero nunca externé estos cuestionamientos.

A mi padre siempre lo vi como una figura rígida, dominante y de carácter fuerte que me transmitió mucho miedo, el cual se disipó años después por medio de un trabajo personal intenso. Él tuvo una importante influencia en mí. Por un lado, solía mostrar afecto y ternura; y, por otro, mostraba una faceta de dureza y violencia, misma que lo alejaba emocionalmente de mí. A papá le agradezco el gusto por la lectura, la motivación para investigar las cosas y el criterio para deducir con razonamiento. Sin embargo, aunque me parezco mucho a mi padre y ahora lo admiro y lo amo, no siempre fue así.

Mi madre era una mujer de carácter fuerte y también dominante. Tenía muy pocas muestras de afecto y ternura; seguramente tuvo algunas, pero eran esporádicas. Era obsesiva en la limpieza de la casa: tuvo tanta influencia en mí que cuando crecí me di cuenta de que actuaba igual que ella. También le temía ya que ella hacía alianzas con mi padre. Por lo anterior, frecuentemente me sentía sola y sin confianza de hablar de lo que sucedía en mi interior.

No es del todo fácil hablar de la vida personal sin causar un efecto en los demás, sobre todo en las personas más cercanas. Aun así, comparto mi historia con honestidad y transparencia porque en verdad deseo que tú, que estás leyendo este libro, puedas sentir la confianza de hacer lo mismo con tu vida. Mi objetivo al contar mis recuerdos es que te des cuenta de que todos tenemos una historia y que ésta influye en nuestro presente. Cuando no hemos sanado ciertas heridas, el pasado es, o puede ser, un lastre que impide que nos realicemos plenamente.

Puedo decir que, a grandes rasgos, tuve una infancia alegre, pero la adolescencia fue una época muy difícil, sumamente turbulenta, repleta de cuestionamientos y con inestabilidad emocional.

Cuando tenía alrededor de 10 años llegue a sufrir bulimia, un trastorno de alimentación severo y que yo ocultaba. Esta situación duró casi 26 años. Alguna vez mi abuela materna me dijo: "Tú te metes al baño a vomitar." Por supuesto que yo lo negaba. Ahora sé que llegue a eso por no aceptarme tal como era: mi entorno influyó mucho ya que me sentía juzgada por no cumplir con el estereotipo de niña delgada. Yo fui robusta, con grandes cachetes y hermosos ojos azules, pero no era suficiente para sentirme bien.

Gracias a que ahora puedo ver con claridad esa necesidad interior de ser amada y aceptada, puedo hablar sin miedo. Quizá tú te sientas identificado conmigo o tal vez alguien que conoces tiene el mismo padecimiento: quiero decirte que aquello fue vivir en un infierno que verdaderamente quemaba

mi interior y me consumía de manera abrumadora. Por eso hoy decido compartir mi experiencia para ayudar a las personas a evitar que vivan lo que yo experimenté; y si ya lo han sufrido, ayudarlos a sanar.

Mi bulimia era esporádica, aprendí a ocultarla bien y no mostrar ante nadie mi dolor. Hoy sé que lo hice inconscientemente para protegerme del rechazo de mi propia familia, el cual experimenté en muchos momentos. No puedo decir que vivía en constante agresión, pero sí en juicio permanente y con mucho temor de ser rechazada, de no ser lo suficientemente buena, inteligente, delgada para los demás; incluso me llegué a odiar a mí misma por mis piernas regordetas. De esta manera, las burlas y sarcasmos que recibía convirtieron mi vida en un gran drama.

Asimismo, atravesé situaciones conflictivas con mis hermanos, lo cual en un primer momento podría parecer lo más normal del mundo. Sin embargo, yo me sentía mal y la percepción que tenía de mi entorno familiar no era de paz, sino de angustia por tener que guardar las apariencias. Crecí con esta sensación y empecé a convertirme en una adolescente inquieta y muchas veces rebelde frente a la autoridad; aunque ésta me infundía un gran miedo, también la desafiaba. Por otra parte, las hormonas se empezaban a alborotar, algo natural en la vida de todo ser humano, pero yo me sentía muy culpable si sentía algo en mi interior. Debido a que mis padres no hablaban conmigo sobre los cambios en mi cuerpo, y a que tenía escasa o nula información al respecto, averiguaba por mí misma y mi fuente de información eran mis amigas, vecinas y compañeras de juego. Ciertamente no era lo mejor, pero era lo único que había para mí en ese momento.

Mi familia

La relación con mis hermanos mayores no era muy cordial. Siempre sentí que mis padres a mi hermano mayor lo cuidaban y lo protegían más. Con mi hermana mayor la relación era de altibajos. A veces nos llevábamos bien pero en otras ocasiones nuestras peleas de hermanas se originaban por un juego que inventó mi papá. Este juego se llamaba "ja-ja, no me dolió", y consistía en que mi hermana y yo descargáramos de manera agresiva el enojo que teníamos una con otra, y esto era pegándonos en el rostro hasta terminar ambas en llanto y con mucho dolor. Esto puede parecerte terrible, y para mí fue muy duro a mis escasos 10 u 11 años de edad.

A la par de estos eventos difíciles, cuando mis padres peleaban entre ellos me pedían que eligiera a quién quería más de los dos.

Cuando yo era niña no comprendía muchas cosas, pero ahora puedo ver que tanto mi madre como mi padre hacían lo que podían, lo que sabían hacer. Tal vez tú, que estás leyendo mi historia, pienses que viví un infierno. Sin embargo, como he mencionado antes, para limpiar mi vida tuve que comenzar por reconocer lo que había que trabajar en mi interior. Este proceso nunca ha sido ni será con el fin de perjudicar a nadie, mucho menos a quienes amo, pero gracias a él iluminé muchos eventos de mi vida y ahora puedo ver con mayor claridad mi pasado.

De cualquier manera, realizar esta limpieza interna no es nada sencillo y tampoco es común, ya que no solemos hablar de manera natural de los momentos dolorosos que experimentamos, así como tampoco es fácil reconocer y hablar de las emociones que son el combustible para nuestra vida. Millones de personas en el mundo han sufrido eventos traumáticos y amargos. Y resulta sumamente complejo afrontar el pasado para sanar y vivir en paz. Aun así, justamente mi principal deseo al escribir este libro que hoy tienes en tus manos, es transmitirte la manera en que puedes conseguir la paz y la serenidad en tu vida. Por ello ahora te muestro tal como era mi vida antes de despertar a la luz.

Mi carácter fue tomando forma mientras crecía y me terminé forjando como una mujer dominante y de temperamento fuerte. Solía defenderme de todos y de todo. Era una niña agresiva y tenía pocos amigos. Necesitaba tener la razón; recuerdo que mis padres me decían que siempre me salía con la mía. Aunque no creo que fuera así por completo, detrás de esa supuesta fortaleza escondía una gran ternura y temía ser débil y mostrar mi lado amoroso. Papá solía decirme que nunca buscara los pleitos pero que no me dejara cuando surgiera un problema. Yo entendí esa enseñanza como la necesidad de estar a la defensiva de los demás y a partir de ello generé un carácter un tanto difícil y agresivo.

Incluso llegaba a mentir para protegerme. Recuerdo un episodio en que tuve mucho miedo. Yo tenía siete años y en ese entonces vivíamos en Cuernavaca, en una casa hermosa que tenía un gran jardín y una alberca rodeada por una reja negra y pequeña. Mi abuela materna había confeccionado ropa para mi hermana y para mí (incluso vestía a mis muñecas con los mismos modelos de ropa). Un día íbamos a salir a comer fuera de casa y mi mamá me pidió que me pusiera el vestido hecho por la abuela, uno blanco y vaporoso con un estampado delicado de pequeñas flores rosas. Pero unos días antes habían pintado la reja que rodeaba la alberca y me había recargado en ella: el vestido se manchó de pintura de aceite negra y para que nadie se diera cuenta lo escondí en la cajonera de mi cama. Sentí miedo de confesarle a mamá lo ocurrido, entonces rápidamente le dije que no lo encontraba y me puse otro vestido. Sin embargo, ella se quedó preocupada y me pidió que encontrara la hermosa prenda hecha por mi abuela. El problema fue que ahí no terminó todo. Días después mi mamá se puso a arreglar mi ropa y se topó con la sorpresa de encontrar el vestido manchado de pintura negra de aceite. Yo estaba jugando con mis amigas en el jardín del condominio y de pronto vi que mi mamá se asomó por la ventana de mi habitación y lanzó un fuerte grito: "¡Gabriela, ven acá!" Me temblaban las piernas porque sabía que me esperaba una paliza.

Esta anécdota es una de las muchas que viví en la infancia. Quizá compartas conmigo alguna experiencia parecida, ya que de alguna manera todos tenemos recuerdos de cuando éramos pequeños. Ahora veo lo fácil y sencillo que es decir y hablar con la verdad. ¿Pero qué sucede cuando no se puede decir la verdad? Lo que pasa es que uno tiene que mentir. Y el miedo es algo que vamos aprendiendo por el juicio de nuestras acciones.

Considero que lo más importante al analizar nuestra vida y pensar en el pasado, no es atacar a las personas ni a los hechos, sino contemplar la consecuencia que se vive como un todo; de lo contrario, al enfocarnos en lo particular dejamos de ver lo fundamental de nuestra experiencia, el sentido que tuvo en su momento y la manera de trascenderla.

Escribir cómo viví ha sido muy importante para comprender la razón por la cual años después se detonó el cáncer en mi cuerpo. A veces me preguntaba si las personas tendríamos un color y cuál nos correspondería a cada quien. Hacía este ejercicio muy seguido: veía a las personas y les ponía un color, incluso me lo ponía a mí y terminaba por pintarme de gris. Y es que así me sentía: sola, sin amigas, sin confianza en mí misma y conflictiva. Me la pasaba comparándome con las demás niñas. Este afán de compararme con las demás tiene sus raíces en el inicio de mi pubertad. Mi cuerpo comenzó a transformarse cuando yo tenía 10 años: a esa edad ya menstruaba. Sin embargo, yo no sabía qué me sucedía. Embarnecí más rápido de lo que entonces imaginé. Supe sobre todos estos cambios gracias a unas amigas y a su mamá. Cuando le comenté a mi madre lo que me habían dicho, ella dijo que no era verdad. Por ello, cuando inicié la menstruación ni siquiera me preocupé justamente porque le creía a mi madre. Sin embargo, poco después ella se dio cuenta de que ya no era una niña sino una adolescente transformándose en mujer. Fue así que un día me pidió que entráramos al baño de casa y me dijo que si quería ser feliz para el resto de mi vida nunca debía mencionar mi menstruación con nadie ya que ello marcaría mi felicidad o infelicidad. Este comentario marcó profundamente mi sexualidad sin que yo entendiera cabalmente lo que quería decirme.

Yo me sentía muy mal al respecto. Cuando comencé a menstruar cursaba quinto año de primaria y estaba en una escuela mixta. Me sentía señalada e incómoda porque era la más desarrollada de todas mis compañeras y me pesaba mucho compararme con las demás niñas que aún no tenían la menstruación. Asimismo, recibí muchas burlas y sarcasmos porque mi rostro comenzó a llenarse de espinillas.

Por otra parte, también me comparaba con mis hermanos mayores porque iban muy bien en la escuela y yo no. Me dolía fuertemente no sentirme amada y protegida por mi madre, sentía una gran rivalidad en mi entorno familiar y escolar. Aunque ahora comprendo que mi madre hacía lo que podía, antes no lo veía así y ésa era mi realidad: comparaciones y situaciones que me reafirmaban que yo no era lo suficientemente buena, muchos tabúes y poca congruencia.

Crisis emocional, crisis exterior

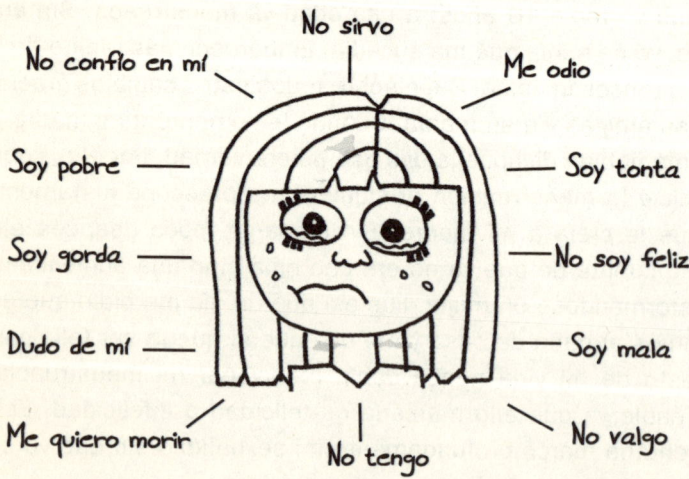

Así me veía a mí misma

No sirvo

No confío en mí

Me odio

Soy pobre

Soy tonta

Soy gorda

No soy feliz

Dudo de mí

Soy mala

Me quiero morir

No tengo

No valgo

Así, mi vida no era del todo mala pero yo me sentía insatisfecha y desdichada. Por mucho tiempo creí que las cosas y las personas me daban la felicidad. Mi relación con el hombre que fue mi esposo tenía buenos y otros no tan buenos momentos. Creo que ambos enmascarábamos muchas cosas y no nos conocimos del todo. Nuestra educación fue muy diferente: a él lo sobreprotegieron desde niño, y a mí me impulsaron a tener que salir adelante en la vida. No quiero implicar que yo fuera mejor que él, ya que por mucho tiempo admiré a su familia que me acogió con cariño.

Nuestra relación de pareja se fue deteriorando por la falta de un proyecto de vida y, sobre todo, por una ausencia de comunicación profunda y sincera. Aunque aparentábamos ser la pareja ideal y perfecta, teníamos enormes máscaras; lo que tuvo como consecuencia que la relación se derrumbara poco a poco.

El 12 de diciembre de 1998 intenté suicidarme. Estaba en una crisis emocional que detonó en un deseo de terminar con mi vida. Recuerdo que le dije a mi ex esposo que me quería morir y su respuesta fue: "Haz lo que quieras." Entonces decidí tomar más de 10 pastillas de un relajante muscular conocido como Voltarén. Terminé en el hospital con un lavado de estómago, sintiéndome sumamente culpable y con un gran miedo a ser juzgada.

Pasaron los años y con ellos aumentaron los problemas con mi esposo, así como las máscaras sociales. Pretendía vivir una situación irreal. Sin embargo, la vida es muy justa y clara: uno vive lo que piensa, y mis pensamientos estaban basados en la carencia. Mi ex esposo y yo estábamos en un grupo de matrimonios que ayudaba a los jóvenes y los alentaba a casarse haciendo alianzas de amor y a consolidar su comunicación. Pero me sentía falsa al estar frente un grupo de más de 80 jóvenes y decirles que la comunicación era la columna vertebral de las relaciones, cuando nosotros no vivíamos eso. Era una farsa hablarles de lo importante que es tener una situación financiera libre y clara, cuando la nuestra estaba en números rojos. Aunque mi intención era buena, no se puede transmitir algo que no se vive. Se podrá hablar bien, pero de ahí a transmitir algo desde el corazón, hay un abismo.

Lo que me abrió enormemente los ojos fue cuando inicié Un curso de Milagros, ya que comencé a ver las cosas desde una óptica muy distinta a la que había tenido siempre. Fue una experiencia muy fuerte en la que me confronté con intensidad. Me di cuenta de cómo las personas mentimos y nos ponemos máscaras para cuidar la imagen que queremos tener de nosotros mismos: mostramos una imagen de lo que no somos pero que nos conviene para ser aceptados en la sociedad. Al ver todo esto muchas veces sentí náuseas: al momento en que se me reveló la verdad ya no podía volver atrás y ser la misma de antes. Pero la enfermedad ya había tocado mi puerta y no tenía salida: o la enfrentaba o moriría.

Reconozco ahora que me casé con la intención de liberarme de mis problemas, creyendo que alguien más se haría cargo de mí. Pero en aquel entonces no podía verlo. No puedo culpar a mi ex marido de que mi vida estuviera llena de frustración, ya que yo misma contribuí a ello por la inconsciencia que tenía en ese momento.

Hoy puedo verlo con claridad, pero anteriormente me la pasaba culpando a los demás de mi infelicidad y sentía que mi vida era gris.

Durante mucho tiempo quise agradar a los demás; incluso me decían que parecía que yo pagaba por servir y ayudar a los demás. Creía que si hacía mucho por los otros sería más amada y aceptada. Así, cientos de veces me puse en segundo plano. Aunque repetía el dicho de: "Nadie da lo que no tiene", yo lo hacía. Creía que daba amor para recibir amor y no era así. ¿Cuántas personas conoces que hacen lo mismo? ¿O acaso eres tú una de esas personas?

Quiero decirte que sé lo que se siente vivir de esa manera y jamás pretenderé lucrar con mi historia para causar lástima. Deseo de todo corazón que la gente tome conciencia de que se pueden vivir experiencias dolorosas y muy desalentadoras en la vida, pero si se elige ver la vida de otra manera estas experiencias se pueden trascender.

Todo esto me llevó a enfrentarme conmigo misma y con la verdad, al vivir una de las enfermedades más temidas por la humanidad, el cáncer, y lograr afrontarla con determinación y fuerza para dar paso a la mujer amorosa, cercana y tierna que soy ahora.

A veces creo que una persona que llega a tener cáncer, tal vez experimentó en su vida altas y bajas emocionales, de lo contrario no habría llegado a eso.

Sin embargo, siempre he sido una mujer de retos y los he vencido, aunque admito que he escondido la parte de la mujer sensible, amorosa, tierna y que desea sentirse profundamente protegida y amada.

Quiero avanzar en la vida

Hoy, a mis 44 años de edad, he encontrado a un gran compañero, fuerte, amoroso y protector. Pero esto no fue posible hasta que empecé a amarme a mí misma y a cuidarme; a ser leal, justa, amorosa y fiel conmigo. Ahora comprendo cabalmente que para que alguien me ame, debo de amarme yo primero.

Hoy mi vida es tan distinta, he cambiado radicalmente muchas cosas, he puesto límites y razono de manera diferente, incluso hay quienes ven en mí a una persona egoísta, porque finalmente me ocupo de mí de forma objetiva y justa.

Ahora apoyo a miles de personas a través de conferencias y cursos de desarrollo humano, además de consultas privadas en las que las escucho y ayudo a limpiar su pasado y a que logren ver la vida de una manera más saludable para un mejor presente y futuro.

Tengo grandes maestros de quienes he aprendido, como Don Miguel Ruiz, autor de *Los Cuatro Acuerdos*, mi gran amigo Marco Antonio Regil, de quien he aprendido la congruencia y sencillez, he participado en muchos de los talleres que él imparte sobre comunicación, ventas y liderazgo, y he cambiado mi forma de pensar sobre la abundancia; también David Steinberg, amigo, yerno y coach, ha sido una de las personas que vio talento en mí y me lo hizo saber con la transparencia y congruencia que lo caracterizan; mi amigo y maestro Blair Singer, con su facilidad para enseñar a pensar en un juego más grande, venciendo a la vocecita interna; Jayne Johnson, por clarificar mi vida y ser una gran maestra en poner en perspectiva mis metas y estar cerca de mí, aunque viva en Phoenix.

Asimismo, David García, mi compañero de camino, con quien vivo la aventura de amar y dejar salir a la mujer amorosa y dulce que por mucho tiempo escondí, me ha enseñado la libertad de ser uno mismo y auténtico, con emociones propias, y que la vida se vive con alegría.

Mis hijos son también mis grandes maestros, ellos me han mostrado las faltas y errores que cometí al educarlos como lo hice, así como las herramientas que les di para salir adelante en la vida. Me siento orgullosa al verlos crecer y emprender su vida de una manera exitosa, cada uno en su tiempo y proceso personal. Me gratifica enormemente ver a Carla, mi hija mayor, como un ser extraordinario: una mujer que se abre camino con su esposo David, con un gran talento como pintora y empresaria. También me enorgullece mi hijo Carlos Alberto, que se está desarrollando como excelente arquitecto y que tiene mucho talento para la música. Mi hija Daniela me ha enseñado que puede lograr muchas cosas: desarrolla su parte femenina en el ballet clásico de una forma fascinante, y además juega futbol con la pasión de una gran deportista; proyectándose como una futura comentarista deportiva.

Mis otros maestros son mis padres, quienes me han mostrado que todos enseñamos lo que sabemos.

Mis hermanos, cada uno de forma distinta, han sido mis maestros sobre cómo los libros se leen de manera diferente: es decir, cómo los mismos padres son vistos de formas distintas.

Otros grandes maestros son mis clientes, que se acercan a mí y me demuestran que se puede salir adelante con energía y voluntad. Ellos me han enseñado que soy una gran coach en el manejo de emociones, con ellos he visto cómo muchos y muchas personas han salido adelante, desde las enfermedades, para pasar de la carencia a la abundancia.

La vida, mi gran maestra, me ha enseñado que sólo tengo 24 horas al día y que debo vivir intensamente, haciendo mi mejor esfuerzo, siendo responsable de mí misma y de mis decisiones: como dice mi amigo Blair Singer, quizá muchas veces mis finanzas no van a estar bien, pero puedo responder por ellas. Gracias, Blair, por esta enseñanza.

De mi gran maestro Robert Kiyosaki, a través de sus maravillosos libros y su manera de escribir y educar, he aprendido que la riqueza se crea en la mente y que también es un acuerdo, que al expandir mi contexto abro la infinita capacidad que el maestro de maestros me ha dado: mi buen amigo Dios, a quien siempre le agradeceré ser su hija y él mi Guía.

Preparación para un despertar

Segunda quincena de diciembre, 2003

Un fuerte resfriado, el más severo que recuerdo, me llevó a estar en cama por más de 10 días. El malestar más notable era que de mi nariz drenaba agua sin parar. Con la necesidad de estar en cama, leyendo por horas y horas, transcurrieron 10 días que se extendían hasta largas horas de la madrugada. Cuatro libros al hilo: la trilogía de *Conversaciones con Dios*, más el libro de *Amistad con Dios*, de Neale Donald Walsh. Pareciera que estas lecturas me preparaban para vivir algo, una experiencia inusitada, y a la vez real.

Entonces se me abrió el tema de la cercanía con la muerte. En algunos de sus libros Walsh aborda cuestionamientos al respecto y afirma que la muerte no existe. Asimismo, en un Curso de milagros que yo había iniciado en septiembre de ese año, se trabajaban estos conceptos. Sin embargo, mi mente aún no alcanzaba a comprender de qué se trataba todo eso realmente. En ese Curso de milagros comprendí que no existe la muerte, ya que la vida no es algo físico, sino aquello que somos, siempre hemos sido y seguiremos siendo, un espíritu manifestado en un cuerpo físico. Así, entender que la esencia de nosotros, como seres creados por Dios, es amor, confrontaba mis ideas anteriores de una forma que no sabía cómo acomodar del todo.

Diciembre 22, 2003

Ese día estaba parada afuera del cuarto de baño de mi casa, diciendo en voz alta: "Únicamente me falta tener cáncer y escribir un libro para parecerme a Louise L. Hay", una escritora que admiro. Además, justo ese día habían operado a un amigo después de diagnosticarle cáncer de hígado. Algo en mí decía que se moriría y en ese momento pensé que a mí también me daría cáncer. Expresé este pensamiento al que en ese entonces era mi esposo, con estas palabras: "Estoy segura de que a mí me dará cáncer también, y tú te quedarás viudo al igual que la esposa de mi amigo." Transcurrieron los días y el 6 de enero de 2004, debido a una crisis en mi matrimonio y un momento emocional álgido, detoné en cólera y decidí hablar con mi esposo sobre varios episodios de mi vida, los cuales había callado por mucho tiempo pero que estaban en mi mente, impregnando mis emociones y alterando mi estado de ánimo. Hablar todo lo que había guardado por muchos años me dio la sensación de que estallaba como un enorme globo lleno de aire. Al terminar me levanté y fui al cuarto de baño, vomité, como si se hubiera destapado una coladera, y me sentí físicamente agotada. No aguanté el cansancio y me fui a dormir.

Aproximadamente dos días después, cada vez que me recostaba podía escuchar y sentir agua adentro de mí; tenía una especie de sensación como de haber bebido mucha agua y como si ésta se alcanzara a sentir y escuchar. Me pareció algo extraño, pero no presté mucha atención al respecto. Pasaron cuatro o cinco días más, y un día, cuando me encontraba en mi habitación sentada en silencio en el sillón que utilizaba para meditar, sentí un dolor agudo en el vientre, que se hacía cada vez más constante y en consecuencia mis movimientos eran cada vez más lentos y torpes. Parecía que algo me detenía; el viento frío del invierno se colaba por el gran ventanal, como queriéndome decir con su soplido que algo acontecía. Con mi rostro pálido y muy poca energía, me hice muchas preguntas: "¿Qué me está pasando?" Intuía la respuesta que me aterraba reconocer. Mi abdomen crecía y crecía. Escuchaba el sonido del agua dentro de mi cavidad abdominal, golpeando cada vez más y más fuerte; especialmente cuando me recostaba era fácil escucharlo y sentirlo.

¿Sería la manifestación del mal que aqueja a la humanidad en los últimos tiempos? "Cáncer, la temida enfermedad por todos", le comenté a mi hija mayor. "Hija, este dolor que siento podría asegurar que, si el cáncer duele, lo que yo tengo es cáncer." Ella, con tono firme, me dijo: "¡Mamá, ve al médico!", y le respondí: "¡Hija no tengo dinero!" "¡Mamá! ¿Qué harías tú si yo fuera la enferma o alguno de mis hermanos?" Obviamente le dije que los llevaría al médico. "Mamá, ve al doctor", repitió en un tono imperativo. "No me digas que te amas, si no haces nada por ti." Y salió de mi habitación visiblemente angustiada. A pesar de eso yo seguí sin ir al doctor, aunque el malestar se acentuaba más. Mi abdomen crecía y crecía, alcanzando el tamaño de un vientre como de seis meses de embarazo, más o menos.

Al día siguiente por la mañana fui a desayunar a casa de mis padres, quienes estaban viviendo temporalmente en Guadalajara, ya que mi madre estaba en tratamiento contra la hepatitis C. Recuerdo que sólo pude comer un poco de yogurt, no tenía hambre. La incomodidad en mi vientre era cada vez mayor y quería creer que se trataba de una indigestión verdaderamente severa. Mi ropa me apretaba, mis movimientos eran cada vez más torpes; incluso cuando caminaba me iba de lado, perdía el

equilibrio. Continué con mis remedios caseros: me aplicaba dos lavativas intestinales y plastas de barro.

Hasta que el domingo 19 de enero de 2004, día en que mis hijos se habían ido a comer a casa de sus primos, me sentí sumamente mal, sin energía y sin poder moverme. Llevaba dos días sin quitarme la pijama. Ese día mi único alimento fue un sorbo de agua y una mordida a una manzana. Estaba en cama y mi mente viajaba a gran velocidad, haciéndose múltiples preguntas: "¿Qué tengo? ¿Por qué me siento tan mal?"

De repente, mientras mis preguntas me absorbían con más determinación, gire mi cabeza con un movimiento brusco hacia el teléfono, como si alguien con una gran fuerza me obligara a voltear. Tomé el teléfono y llame a un médico que me habían recomendado, y le dejé un mensaje en su buzón de voz. A los cinco minutos el doctor me regresó la llamada; le comente cómo me sentía y me dijo que me vería en un hospital "de bastante renombre", para una revisión. Habiendo estado en cama, cansada, sin deseos de moverme y después de dos días sin bañarme, algo muy dentro de mí me decía que si ingresaba al hospital, era por algo serio, que además el hospital que el médico me recomendaba era demasiado caro y yo no podría pagar eso. Entonces me metí a la regadera y tomé un baño: para mi sorpresa, ¡ya no podía ver mis pies porque mi abdomen había crecido demasiado! Bajé los 52 escalones de mi casa, mismos que todos los días subía con facilidad. Fue un triunfo llegar a la puerta, y logré subirme al auto, aun con mis movimientos lentos y torpes.

Ingreso al hospital

El domingo 19 de enero de 2004 ingresé al hospital. Apenas podía sostenerme de pie: el dolor era tan intenso y mi abdomen estaba tan abultado, que parecía que iba a tener un bebé. Subirme a la camilla de exploración fue posible gracias a la ayuda del médico. Me auscultó y me dijo que era necesario internarme en el hospital porque necesitaba realizar algunas pruebas. La primera fue un ecosonograma, y lo que vino a mi mente nuevamente fue: "¡No tengo dinero, no me puedo quedar en este hospital!" Mi esposo llamó a su hermano y cuando llegó mi cuñado, recuerdo haberle dicho: "¡No me puedo quedar aquí!" Él me dijo que por favor me quedara tranquila ya que él se haría cargo del asunto económico. Y así fue, como un ángel en el camino en ese momento, porque en verdad él se hizo completamente responsable de cubrir los gastos del hospital en esa ocasión.

El lunes 20 de enero llamé a mis padres a primera hora. Llegaron al hospital temprano y estuvieron conmigo. Más tarde también llegaron mis hijos y mi hermana. Todos estaban muy preocupados por mi estado de salud. Me realizaron diversos estudios para saber qué era lo que estaba pasando, los estudios eran bastante incómodos y dolorosos. Se presentó una enfermera y me pidió que bebiera más de un litro de jugo de uva con material de contraste para el siguiente estudio. Pero no podía beber y tuve que hacer un gran esfuerzo: apenas y podía mojarme los labios y sentía que estallaba. Llevaba ya varios días sin tomar más que pequeñas cantidades de agua y me dieron muchas ganas de vomitar: el momento se me hizo eterno, pero tenía que hacerlo y poco a poco lo logré. Posteriormente me llevaron a la sala de estudios, me inyectaron más material de contraste y un frío recorría todo mi cuerpo. La enfermera me dijo claramente: "Esto que le vamos a poner le va a dar asco y mucho frío." Evidentemente las nauseas aumentaron y ya no pude contenerme más. Recuerdo que vomité con mucha fuerza, y como estaba boca arriba y me era imposible moverme, sentí como si me ahogara. Después de varios estudios molestos e incómodos se me fueron agotando las fuerzas, pero de pronto llegó un gran alivio momentáneo. Me realizaron una punción y extrajeron varios litros de líquido de la cavidad abdominal, conocido como "ascitis".[1]

¡Necesitaba poner en práctica mis conocimientos! "Tantas lecturas, talleres, diplomados y conferencias", llegó a mi mente ese pensamiento. ¡Lo que está pasando es que algo le

---

[1] Ascitis: acumulación anormal de líquido en el abdomen que puede causar hinchazón. Cuando el cáncer se encuentra en sus últimos estados, se pueden encontrar células tumorales en el líquido del abdomen. La ascitis también se presenta en los pacientes enfermos del hígado. Fuente: Instituto Nacional del Cáncer. www.cancer.gov/Templates/db_alpha.aspx?CdrID=45601&lang=spanish

sucede a mi cuerpo, pero yo decido cómo me siento! Pedí que me pusieran música de Steven Halpern, uno de mis autores favoritos en musica de relajación así como flores. Necesitaba actuar de manera distinta, ver la vida de una forma inusual en estos casos... ¡ser feliz! Yo decido cómo me siento, no puedo controlar lo que está pasando, pero sí puedo controlar mi reacción.

Esa noche pude descansar un poco, después de varios días sin dormir. Los exámenes continuaban: colonoscopía, resonancia magnética, análisis de sangre, ecosonogramas, etcétera. Entonces el médico me informó que era necesario intervenir quirúrgicamente ya que aun con todo esto no era posible asegurar ningún diagnóstico. Me dijo que primero realizaría una laparoscopia y que si era necesario, más tarde efectuaría una cirugía exploratoria mayor. Mi mente daba vueltas. Por momentos realmente no sabía qué estaba sucediendo, a ratos me sentía en paz, con la certeza de que todo saldría bien. Pasaba de un estado a otro, pero hacía conciencia de ello y elegía de nuevo: "Mis pensamientos son poderosos, sé que si los alimento de miedo, me sentiré con más miedo."

Un día antes de la cirugía, por la tarde llegó mi hija más pequeña, Daniela, con sus amigas y con un arreglo de flores y una tarjeta, dándome ánimos. Las niñas venían acompañadas de sus mamás para apoyarme y acompañarme. Después de unos momentos de estar todas reunidas me quedé a solas con Daniela, de tan sólo 13 años. Me tomó de la mano, me miró fijamente y me dijo: "Mami, dime que no te vas a morir." Yo pude notar claramente el miedo en sus ojos. Recuerdo que en ese momento me estremecí. Entonces la abracé y le dije: "Mi amor, entiendo que tienes miedo; no sé qué va a pasar, pero quiero que sepas que siempre estaré contigo, desde donde me encuentre. ¡He estado leyendo, y algo en mí dice que la muerte no existe! Sí, algo le pasa a mi cuerpo físico, pero eso no soy yo. Amor, siempre viviré, y mientras pienses en mí ahí estaré." Ella me veía con los ojitos llenos de lágrimas. Nos abrazamos y lloramos las dos por un rato y nos volvíamos a abrazar. Mi mente daba vueltas; racionalizaba, pensaba demasiado: "¿Me moriré? ¿Dejaré a mis tres hijos? ¿No los veré más? ¿Qué pasará?" Desperté a las cuatro de la madrugada. Comencé a meditar y podía escuchar el ruido del silencio mi mente viajaba haciendo un gran recorrido de mi vida, pensaba: "Es el momento de hacerme responsable de todo lo que he pensado, dicho y hecho, cuánta incongruencia en mi vida, cuantos "Sí" y cuántos "NO" he dicho sin realmente desearlo." El camillero llegó por mí a las seis de la mañana para llevarme al quirófano. Recuerdo que solicité que pusieran música agradable en el quirófano porque yo sabía que cuando el paciente se encuentra bajo anestesia, entra en un estado en el que el subconsciente capta todo lo que sucede a su alrededor. La cirugía duró aproximadamente ocho horas, y los médicos pudieron determinar que efectivamente tenía cáncer. En ese momento no fue posible establecer cuál era el grado de cáncer que tenía; sólo sabían que estaba localizado en los ovarios, con siembras en el intestino y el estómago. Fue hasta dos días después de la intervención que el médico habló conmigo. Recuerdo cómo el médico entraba y salía de la habitación. Era notable su nerviosismo y comenzó dándole vueltas al asunto, explicándome todo lo que había hecho durante la operación. Pero lo interrumpí y con un tono seguro, le dije: "Doctor, lo que tengo es cáncer, ¿verdad?" Y él, visiblemente sorprendido, me confirmó la noticia: "Sí, Gabi, tienes cáncer."

Por supuesto, en el momento en que me notificaron que tenía cáncer, mi vida cambió. Una cascada de sentimientos inundó mi mente y sentí como si de repente el tiempo se hubiera detenido. La siguiente pregunta que le hice al médico fue: "¿Dime, qué sigue?" El médico respondió: "Recomiendo aplicar quimioterapia. Nos van a entregar tus resultados en unos días para ver en qué grado se encuentra el cáncer, pero lo que sabemos hasta hoy es que tienes un adenocarcinoma ovárico, con siembras en el estómago y el intestino."

"¿Con quién?, ¿con qué oncólogo?", pregunté. Me informó que había varios oncólogos de toda su confianza y yo pedí que le llamaran a un amigo médico, para solicitar su asesoria. Además coincidió que mi hermana conocía al oncólogo.

El médico oncólogo (Francisco Alexander) me visitó en mi habitación del hospital. Es un hombre con una gran sonrisa y una mirada que irradia paz. Me explicó el procedimiento a seguir en estos casos. Aconsejaba iniciar el tratamiento lo antes posible y me exhortó a que fuera a su consultorio en unos días, mientras tanto había que esperar el dia de la visita y recuperarme de la cirugía. Mi mente viajaba al pensar que con la quimioterapia que recibiría vomitaría seguramente y me daba miedo que se abriera la herida.

El vínculo con mi esposo cada vez estaba peor. Aunque vivíamos bajo el mismo techo, las cosas entre los dos ya estaban muy deterioradas. Nuestra relación había ido mermando desde mucho tiempo atrás: sólo tenía el amor de mis hijos, y la preocupación de mis padres y algunos de mis hermanos. En esos días fue muy hermoso experimentar las grandes muestras de cariño que recibí de todos mis amigos y de muchas personas.

Un momento de obscuridad en mi habitación

Después de varios días, por fin me pude levantar para caminar un poco por el pasillo del hospital. Me acompañó Carla, mi hija mayor, y me sorprendí al ver en la puerta de mi habitación un letrero que decía: "Prohibidas las visitas, por prescripción médica." En ese momento sentí que mi cuerpo era como un cubo de hielo. Esos letreros se usan cuando las personas están muy graves, y ello provocó que vinieran a mi mente múltiples pensamientos de pérdida. En un instante me invadió un miedo terrible. El miedo al dolor era el más fuerte: miedo a la muerte, a la mutilación del cuerpo, a la pérdida. Pero también tenía varios deseos: ver crecer a mis hijos, abrazar algún día a mis nietos y crecer espiritualmente. Ahora que mi vida estaba recobrando algo de sentido también estaba comenzando a adentrarme en mí. Para ese entonces ya impartía talleres, daba pláticas y había estudiado mucho; más que nunca, pero de una manera diferente. Me sentía como en un callejón sin iluminación y me provocaba pánico, pero me di cuenta de que ese callejón no estaba fuera de mí y no podía escapar de él. Me sentí traicionada por mis propias células, pero a la vez sabía que era lo menos que podía tener. Al hacer memoria, me percaté de que yo misma había pedido tener cáncer varias veces, al haber dicho algún día en mi vida que ojalá me muriera de cáncer. En esas situaciones en las que mi vida estaba fuera de control y sin sentido de vida yo había pedido el cáncer días antes. Todas esas historias se tejían en mi mente y me daba cuenta de que estaba adoptando la postura de una víctima. Encontrar culpables y estar triste sucedía sólo en mi cabeza. Yo misma alimentaba esos pensamientos y observé que mi mente viajaba muy rápidamente al pasado y al futuro, deseé haber cambiado mis comportamientos pasados y añoraba que llegara la felicidad futura. Fue entonces que en un segundo comprendí que era yo quien elegía cómo sentirme y que ya no podía seguir siendo una víctima. Una vez más me pregunté: "¿Qué quiero en la vida: tener la razón o sanarme?".

El siguiente pensamiento fue: "¿Qué pasa si pongo en práctica todo lo que he estudiado? Y si practico conmigo, ¿qué sucedería si veo este problema como una oportunidad?" Parecía una locura pensar así. Pero entonces lo decidí y me dije: "¡Tú abres la puerta de la felicidad!"

Llegó el día en que quizá podría salir del hospital, pero los médicos sospechaban que el cáncer se había extendido al hígado. Ciertas manchas en las imágenes de los estudios revelaban esa posibilidad, por lo que fue necesario hacer más pruebas para revisar el estado del hígado. Éstas debían realizarse fuera del hospital, pero yo aún estaba internada.

Mis padres me llevaron en su auto. Me sentía muy dolorida por la herida, incluso recostarme era molesto, y además estaba asustada. Al ver las expresiones en el rostro de los médicos mi mente viajaba al futuro de nuevo. Recuerdo ese momento como si hubiera durado horas. Afortunadamente, el resultado fue negativo: mi hígado estaba limpio.

Me llevaron nuevamente al hospital y pasé dos días más internada, recuperándome lo más posible. Platiqué con mis hijos y mi esposo y entonces decidí que me iría a casa de mis padres para rehabilitarme. Mi relación con mis padres era aceptable, pero podía mejorar. Decidí irme con ellos porque algo me decía que necesitaba cerrar un círculo en esa relación ya que considero importante reconocer que mi relación con mis padres no había sido del todo buena a lo largo de muchos años de mi vida. Me preocupaba mi mamá, ya que en ese entonces ella estaba en tratamiento médico con un medicamento llamado interferón y su salud no era muy buena. Sabía que ella me cuidaría con mucho esmero.

"¿Qué hice con mi vida?, ¿cómo llegué adonde estoy?" Pensaba todo el tiempo. Cáncer, era la palabra que daba vueltas en mi mente de forma que no dejaba espacio para otra cosa, más que para desgarrarme en silencio: "Me muero, me voy de este mundo y dejo muchas cosas inconclusas: mis hijos, los nietos que soñé y los planes no cumplidos."

No tenía opción. Podía ser una víctima o tomar una vez más la fuerza que en otras tantas ocasiones ya había usado.

Fue así que me volqué al silencio y la meditación; un camino que había iniciado años antes y ahora era necesario más que nunca para darme cuenta de lo que tenía que hacer. No había más elección: "Quiero ser feliz, quiero estar sana."

Era preciso descubrir lo que había detrás de los años, de mi historia, de los silencios prolongados y los gritos desesperados: quería encontrar la razón de las situaciones que viví, de los abrazos no dados, las palabras duras, los juicios, las suposiciones, los dramas... durante la meditación detenía el tiempo y al hacer un recuento de mi vida con el tiempo quieto, reconocía que yo misma había creado mi historia. Entendí que de nada servía culparme y que era tiempo de retomar el camino que intuía en mi silencio profundo.

Al conocer el diagnóstico, mi reacción fue: "¿Y ahora que sigue?" Sabía que tenía muchas herramientas, y era momento de poner todas en práctica.

En casa de mis padres

Llegamos a casa y me instalé en una habitación. Mis padres deseaban que estuviera lo más cómoda posible. Mi madre se esmeró mucho en cuidarme, en asegurarse de que estuviera bien y en procurar una buena alimentación para mí. Mis hijos y su papá iban todos los días a verme y también recibía visitas de amigos. Un amigo con quien trabajaba en esa época pasaba algunas mañanas conmigo en las que me apoyaba y confrontaba mis emociones. Recuerdo que me preguntó un día: "Gabi, ¿sabes por qué tienes cáncer?" Y le dije muy segura de mi respuesta: "¡Sí, sí lo sé! Tengo cáncer porque yo misma lo he creado con mi sistema de pensamiento y ello ha provocado que mi sistema inmunológico se debilite de esta manera. Además, tenía tanto miedo de enfermarme de cáncer, ¡que aquí está!" Si yo misma lo había creado, yo misma podía deshacerlo y lo que necesitaba era tiempo, pero eso era justo lo que menos tenía, y pensarlo me entristecía porque estaba en una carrera contra el tiempo.

"La enfermedad ya está aquí, el cáncer está en mi cuerpo, pero en primer lugar está en mi mente", le comenté. ¿Qué pasaba si lo eliminaba de mi mente? Probablemente moriría y dejaría el mundo físico, pero si lograba erradicarlo de mi mente seguramente habría servido de algo de todas formas. Un Curso de milagros dice que "la enfermedad está en la mente". Y yo creía que si cambiaba mis pensamientos de enfermedad a salud, el resultado sería la salud. Me repetía a mí misma: "En donde pongo mi atención, ¡ahí está mi realidad!" Es un hecho que nadie quiere enfermarse, al menos no es un deseo consciente. Sin embargo, desde tiempo atrás había comenzado a estudiar sobre ese maravilloso don que tenemos los seres humanos: la

mente. Sabía que lo más importante no es lo que le hacemos al cuerpo, sino lo que hacemos con la mente. Dado que yo era consciente de lo anterior, no tenía miedo a la muerte.

"¿Tienes miedo?", me preguntó mi amigo. "¿Que si tengo miedo? Por supuesto que sí", respondí. "¿A qué le tienes miedo?" Le dije que lo que más temía era al dolor. Me aterraba volver a sentirme vulnerable, incluso llegué a pensar que no necesitaba de la quimioterapia. Pero obviamente ésa era una idea descabellada ya que la enfermedad había avanzado y no hacer algo causaría que la enfermedad progresara. Recuerdo haber planteado la posibilidad de no someterme a la quimioterapia, por supuesto cuando lo hice mi familia se asustó mucho y ante esa situación no me quedó más opción que aceptarlo.

La decisión

Decidí tomar el tratamiento de quimioterapia. Iniciaría lo más pronto posible; únicamente esperaría a que retiraran las suturas de la larga herida producto de la operación. El corte, de más de 30 centímetros, atravesaba mi abdomen partiendo de abajo del pecho, pasaba por el ombligo y llegaba hasta el pubis. Me preocupaba que con el esfuerzo del vómito debido a la quimioterapia, las suturas pudieran abrirse. Con estos pensamientos mi mente viajaba más rápido de lo que imaginaba; solía tejer historias en las que las cosas marchaban mal y la enfermedad empeoraba, esto no era cierto pero en mi mente las historias parecían reales. Me decía una y otra vez que debía hacer algo, pero lo que necesitaba era detener mi mente. Entonces me repetía de nuevo: En donde pongo mi atención, ahí está mi realidad. Yo soy responsable de mis pensamientos.

"¿No puedo ver las cosas de otra manera?, ¿por qué me empeño en tener la razón en lugar de ser feliz? Necesito cooperar y callar mi mente." Me decía constantemente que podía ver las cosas con una mirada distinta, cooperar con el equipo médico y aceptar la quimioterapia. Y el camino para lograrlo era recurrir a todo lo que antes había estudiado: programación neuro-lingüística, meditación, la cual ya había practicado en el hospital, en fin, todo era una buena opción.

Ahora me doy cuenta de la importancia de haberme puesto en manos de los médicos, ya que ellos ayudan a que nuestro cuerpo se vea beneficiado. Y el trabajo personal consiste en apoyarse uno mismo a partir de la generación de un sistema de pensamiento diferente, basado en el amor y no en el miedo. Más adelante hablaré sobre este punto con mayor amplitud y detenimiento.

Mis pensamientos son poderosos y crean mi realidad

Primera quimioterapia

Llegó el 6 de febrero de 2004, día de mi primera sesión de quimioterapia. La cita era a las tres de la tarde. Aún se podía sentir el frío del invierno en el aire, aunque el sol ya empezaba a calentar un poco. Antes de ir al centro de cancerología, al que me acompañaron mi hijo y su padre, realicé un trabajo interno para atravesar la experiencia. Todo era nuevo para mí. Al llegar, las enfermeras me recibieron y me llevaron al área de quimioterapia, la cual estaba rodeada por un jardín muy bello, lleno de flores y con una linda fuente en la pared que dejaba sentir la frescura del agua. Me asignaron una habitación con una pequeña sala, un cuarto de baño, televisión y dos sillones de piel; uno de éstos sería para mí y estaba colocado de manera que me sintiera cómoda. Observé el espacio y lo hice mío: dispondría de él para que fuera mi hogar por un tiempo, y verlo así me hizo sentir mucho mejor. Había más pacientes en otros cubículos: tenían rostros lúgubres y se sentía un ambiente tenso, se podía palpar dolor, miedo, tristeza. Entonces me pregunté: "¿Eso es lo que quiero para mí?" La respuesta fue contundente: "¡Quiero ver las cosas de otra manera!"

Adriana, mi enfermera, era una mujer madura, cálida, con semblante alegre y mostraba gran interés en procurar que me sintiera bien. Le pedí que me explicara con claridad qué me haría durante el tratamiento y lo detalló paso a paso.

Antes de que aplicara los químicos y canalizara mis venas, le pedí que me permitiera los frascos y bolsas plásticas que contenían el medicamento. Los tomé entre mis manos y repetí mentalmente: "Este medicamento que entrará en mi cuerpo es únicamente luz y sana las células enfermas." La música que llevé a mi nueva estancia armonizaba el espacio. Mi hijo estaba sentado cerca de mí, al igual que su papá. Empecé a sentir que me pesaban los párpados y me resistía a dormir. Lo que menos quería era pasar ese momento dormida, deseaba estar despierta y consciente de lo que sucedía; luchaba entre dormir y estar despierta, pero el sueño me venció y me quedé profundamente dormida. Aun así, alcanzaba a escuchar lo que estaba pasando alrededor. Transcurrieron casi seis horas, a ratos estaba despierta y a ratos dormida. Para pasar la tarde y vivir esta experiencia de manera distinta acompañada de risas, mi hijo contaba chistes de un libro que habíamos comprado. Después platicó que, a pesar de que me encontraba dormida, me reía con los chistes que decía.

Al salir de la primera quimioterapia fuimos a comprar algo para cenar. Yo tenía ganas de sushi. Luego fuimos a rentar películas para celebrar: así es, para celebrar. Llegamos a casa, cenamos, vimos las películas y reímos. Tomé agua en abundancia para eliminar de mi organismo los químicos lo antes posible. Me retiré a dormir a las dos de la mañana, y a las cuatro de la madrugada me senté a meditar, como todos los días. Al terminar mi meditación, media hora después, sentí la necesidad de escribir la experiencia que esos minutos de silencio me habían revelado; un mensaje para mí, un mensaje de amor. ¿Quién lo entendería? Ese mensaje estaba dirigido a mí, pero íntimamente sabía que llegaría muy lejos, también a personas que quizá nunca conocería.

EL CANCER,
LA ENFERMEDAD DEL AMOR

El mensaje que cambió mi vida

Gabi, el cáncer es una enfermedad de amor. Suce-
de cuando unas células pequeñitas de tu cuerpo
despiertan y provocan que comiences a cobrar con-
ciencia. Aparecen confundiendo y aparentan hacer
estragos, pero realmente no es así. El cáncer sólo
es el medio para manifestar ese despertar a la con-
ciencia. No se trata de atacar al cáncer: hay que
agradecerle y amarle porque es un despertador al
perdón de ti misma. Amando liberas. Ama al cáncer
y éste se va.

He despertado y he sentido que amar al cáncer o
cualquier enfermedad, ya sea gripa, lupus, Parkinson,
sida, es el medio para ese despertar. ¡Mi conciencia
ya no es la misma! ¡He despertado! Al platicar con las
células cancerígenas les agradecí su presencia en mi
cuerpo; las invité a liberarse de esa carga (etiqueta)
que se les pone (de destrucción). Les agradecí desde
lo más profundo de mi ser, liberándolas de cualquier
agravio que puedan sentir, y les dije: "Gracias por
manifestarse, he recordado a lo que vienen, pueden
marcharse a la hora que se sientan libres de mí y sé
que amándolas yo las libero".

La sensación de paz y armonía que experimento ahora
es maravillosa...
   Además, el cáncer no sólo despierta a quien lo tiene,
sino a otros: primero, a quienes están más cerca, pero
también a personas que ni siquiera conoces. Es maravi-
lloso, porque el cáncer une, no separa.

A la mañana siguiente desperté y compartí con mi familia lo que había escrito. Tenía claro que el mensaje lo entendía yo porque era para mí.

Convivir por meses con personas diagnosticadas con cáncer como yo, ser parte de su vida y ellas de la mía, fue lo que me inspiró a escribir una historia diferente que quizá pueda cambiar tu vida o la de alguien cercano.

Por medio de este libro y la transmisión de mi experiencia deseo compartir mi aprendizaje: cuántas veces buscamos tener la razón, y olvidamos ser felices. Ésta siempre es una decisión personal, y yo únicamente comunico algo de lo que hay en mí y que me cuestiono todos los días. Siempre habrá situaciones no del todo gratas, pero decidir ver las cosas de una manera diferente es un gran adelanto. La felicidad es una decisión personal, asi como tambien lo es el sufrimiento.

El cáncer llega inesperadamente. Toca a tu puerta, el médico te dice que estás enfermo y en un instante tu vida se detiene. Es como una avalancha de sentimientos que estremecen tu mente: consternación, incredulidad, dolor, angustia y terror palpitan en ti. Las emociones que surgen del diagnóstico están enmascaradas por múltiples adjetivos que en el fondo ocultan un gran miedo. Miedo al dolor, a la muerte, a la mutilación del cuerpo, a la pérdida. Y con estas emociones se lleva a cabo en el cuerpo un gran derrame químico de estrés. Es como encontrarte en un callejón sin salida, presa del pánico: pero cuando te das cuenta de que ese callejón no está afuera de ti y ya no puedes escapar de él, un silencio sordo te cubre por completo, como si te golpeara un choque de electricidad.

Te puedes sentir traicionado por ti mismo, por el medio ambiente y la contaminación, por la vida misma, y todo ello aumenta el nivel del miedo. Incluso puedes llegar a pensar que Dios o el Ser superior te abandonó. Los pensamientos más comunes son: "¿Cómo me puede suceder esto a mí?" "¿Qué he hecho para merecer esto?" ¡Lo que me está pasando es un castigo!" "¿Quién se ocupará de mis hijos cuando muera?" "¿Cuánto me queda de vida?" "¿Voy quedar solo o sola?" "¿Qué va hacer de mí?" "¡Es tan joven y tiene la vida por delante!" "¡Dios se lleva a los buenos!" "¡Tantas cosas que no he podido lograr y ahora me muero!"

En fin, un sinnúmero de emociones y preguntas que surgen en ti y en los que están cerca de ti, incluso en la gente que no es tan cercana y se entera del diagnóstico de un amigo o vecino.

Pareciera que se vive una película de terror y el panorama se vuelve oscuro. He descrito algunas afirmaciones y preguntas porque eran las comunes entre mis compañeros de quimioterapia: jóvenes, adultos, mujeres, hombres; muchos acompañados por su familia o amigos, y algunos solos con caras tristes y lúgubres. Por más que quisieran ocultar el miedo, éste era evidente. Por supuesto, el común denominador es, ha sido y será el miedo, la desesperanza, el dolor, el enojo. En fin, ¡una gran tristeza!

"El olor a cáncer es fétido", me decía uno de mis compañeros de quimioterapia, "¡Me estoy pudriendo! Sólo tengo 25 años, estoy enojado con la vida, no me quiero morir." Tenía cáncer en los pulmones. Su madre me decía: "Es un joven que sólo tiene sueños, no entiendo a Dios, ¿por qué a nosotros? Si mi hijo es tan bueno, ¿qué hemos hecho para merecer esto?" Evidentemente, debido a este pensamiento y las sensaciones que se generaban a partir de él, olía a muerte. El chico finalmente murió.

Una mujer, también compañera de quimio, como le solíamos decir, era reincidente de cáncer. Me decía que estaba muy enojada con Dios y con la vida, que no era justo estar enferma tan joven, con menos de 35 años, tres hijos y sueños por cumplir. Varias veces me preguntó por qué yo llegaba feliz al centro de cancerología, y simplemente le decía: "Te van a poner la quimio de cualquier manera, tú decide cómo lo quieres vivir, qué es lo que deseas. En cualquier circunstancia: tú abres la puerta de la felicidad." Y ella, con visible asombro, me decía: "¿Cómo? Si el cáncer es muerte, no es ni vida ni dulzura, ¡ya estoy cansada!" Algunas veces la acompañé en su tratamiento, pero también comprendí que cada persona tiene un tiempo para procesar y entender muchas de las cosas que vive. Ella murió unos meses después.

Lo que veía a diario en el hospital eran semblantes doloridos, silencios helados, la sala de espera llena de acompañantes de los enfermos que pedían clemencia a la vida, llena de reflexiones, rezos; y en los pasillos circulaba el olor a alcohol y a químicos, estudios, radiografías, realizados con la esperanza de que el resultado fuera equivocado.

Para la mayoría, recibir este diagnóstico es como morir en vida. El cáncer es catalogado como el asesino silencioso del cual no tienes escapatoria o, al menos, como una cita cara a cara con la muerte.

La primera respuesta ante el diagnóstico es negarlo. Se recibe con asombro y el silencio habla: escuchas miles de voces internas: "¡Tiempo es lo que menos se tiene y lo que más deseo!, ¡si tan sólo pudiera detener el tiempo!, ¡me voy a morir!, ¿por qué cáncer?, ¿por qué a mí, por qué ahora?"

Múltiples opiniones encontradas, propias y ajenas. La noticia corre como una epidemia, las llamadas telefónicas van y vienen en intercambios de comentarios impregnados de miedo: "¿Ya supiste que a fulanita le acaban de diagnosticar cáncer?, ¡todo lo que se dice del cáncer!, seguramente tiene cáncer porque está resentido con tal persona o por su carácter tan difícil, porque fíjate que su mamá, o su tío, murió de cáncer..." Muchos son los comentarios, pero debajo de ellos hay miedo, un profundo miedo. Así es como cunde el pánico frente a tal acontecimiento.

Evidentemente el estado emocional de las personas diagnosticadas con cáncer se ve alterado; algunas se tornan irritables, lo que es una respuesta normal ante tal situación. A su alrededor los más cercanos tienen mucho miedo, las emociones se disparan, suben y bajan; y todo esto es acompañado por los diversos estudios y las alternativas para afrontar la enfermedad y evitar morir de esta manera.

Las preguntas más frecuentes son: ¿Cuáles son mis expectativas de vida?, ¿qué tipo de cáncer tengo?, ¿cuáles son los efectos secundarios del tratamiento?, ¿cuántas sesiones de quimioterapia se requieren?, ¿necesitaré radioterapia?, ¿cuáles son sus efectos?, ¿existen otras alternativas médicas?, ¿qué hay del naturismo?, ¿funcionara el tratamiento en mí?, ¿se me va a caer el pelo?, ¿voy a vomitar?, ¿qué otros órganos puede afectar el tratamiento?" Los comentarios y consejos de muchas personas que desean ayudar salen a flote y surgen los sentimientos de la gente involucrada con el paciente.

En el mejor de los casos, algunas personas, al ser diagnosticados y afrontar su realidad, sienten el impulso de concluir de inmediato los eventos de su vida que no han cerrado y sanar relaciones con familiares, amigos, etcétera. Cada día adquiere un nuevo significado, su pasado pierde importancia, las familias alejadas se reconcilian y aparece el verdadero sentido de la vida.

En enero de 2009 tuve la oportunidad y el gran regalo de acompañar a una familia en la despedida de su padre, un hombre a quien durante meses alenté a vivir a través de los mensajes que le enviaba por medio de mi programa de radio.

Este hombre fue compañero de mi padre del Heroico Colegio Militar y ambos se encontraron muchos años después. Su familia tuvo la dicha de despedir a su padre, esposo, abuelo, y cerrar un círculo. Él pidió perdón a su familia, y fue un momento que guardo con amor en mi corazón. Y gracias a ese momento ha surgido en mí la necesidad de transmitir que no debemos esperar la enfermedad para acercarnos a los seres que amamos.

Sin embargo, desgraciadamente son pocas y raras las personas que hacen un esfuerzo en descubrir el significado más profundo de su vida y el origen de la enfermedad. No hacerlo evita que avancen a un estado de consciencia más elevado que conduce a un camino espiritual de esperanza y paz. Durante el proceso de curación, he encontrado que algunas personas adoptan momentáneamente un sistema de vida más sano, pero al poco tiempo lo dejan de lado y continúan con su

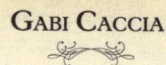

vida habitual. Evidentemente, es como colocar un algodón en una herida gigante.

Y cuando el cáncer regresa es la evidencia de que no funcionó el tratamiento ni los intentos por erradicarlo: esto sucede cuando no se hace conciencia sobre el motivo por el que uno tiene cáncer.

También encontré en el camino a mujeres que me decían que ahora se cuidaban más, que comían más saludablemente y que estaban esperando curarse del cáncer para volver a su vida como era antes. Mi pregunta es: ¿crees que el cáncer es una oportunidad para hacer un cambio en tu vida, en este momento?, ¿o regresar a vivir con los patrones de conducta que te han llevado a estar como estás?

SEGUNDA PARTE

Tú abres la puerta de la felicidad

¿Por qué enfermamos?

La mayoría de los seres humanos tenemos o hemos tenido un comportamiento similar, uno que no distingue razas, continentes, comunidades ni clases sociales: todos y cada uno de nosotros hemos sido formados bajo una norma en la cual, por muy diferente que sea de las demás, el común denominador es el mismo. Con esto me refiero al juicio de todo y de todos, incluyendo el manejo de las emociones, tema que me apasiona de manera especial.

Cuando nacemos tenemos la capacidad de ser auténticos y de expresar lo que sentimos. No hay pensamiento que obstruya la expresión. Un bebé puede externar libremente lo que está sintiendo y su manera de comunicarlo es el llanto y la sonrisa. Jamás oculta lo que siente. Yo coincido con Blair Singer y con

Don Miguel Ruiz al decir que un bebé tiene esa fuerza porque su espíritu es libre. Todos hemos sido pequeños, auténticos y libres porque no teníamos que fingir ante nadie. Se podría decir que no sabíamos del sistema de pensamiento de las personas mayores, y es hasta que algún adulto que se ocupa de nosotros que se nos transfiere toda la información que posee. Lo hace de manera gradual, pero de alguna u otra forma sucede. Nos empieza a transmitir lo que para él o ella es verdad y lo hace de una forma natural, sin ninguna intensión de hacer daño.

Así transcurren los primeros años de un ser humano, imitando a otro hasta llegar muchas veces a ser copias de ese comportamiento. No tenemos opción, todos lo hacemos. Cada persona recibe una cierta información de acuerdo con el entorno en el que nace y a partir de él aprende a dirigir su vida. Cuando somos pequeños tenemos la capacidad natural de captar la atención de los adultos. Percibimos millones de cosas, situaciones, imágenes, experiencias, pero en realidad solamente retenemos lo que nos causa interés o nos provoca una emoción. Por medio de repeticiones, los adultos nos transmiten su conocimiento e información de cómo debemos comportarnos y cómo vivir, lo que es bueno creer y lo que no lo es. Todos aprendemos de esta misma manera.

Debido a que a cada ser humano se le educa de acuerdo al sistema de pensamiento de su familia, entorno social y religioso, la educación tiene un peso notable. Incluso se podría decir que funciona como si se le impusiera una marca al niño para distinguirlo de otras personas. La información captada por cada uno de nosotros es lo que nos diferencia de otro ser humano. En este proceso es donde surgen los acuerdos o creencias de cómo debemos comportarnos, qué decir y qué no decir, hasta llegar a pensar como los demás. Y seguimos este camino para ser aceptados por nuestros seres queridos y la sociedad. En conclusión:

De dónde vienen los acuerdos:

FAMILIA	SOCIEDAD	RELIGIÓN
Papá	Escuela	Todas
Mamá	Maestros	las
Hermanos	Amigos	religiones
Abuelos	Vecinos	
Tíos	Compañeros	
Primos	de trabajo	
	Club social	
	Medios de	
	comunicación	

La realidad se crea por acuerdos

Es así como poco a poco el pequeño se va olvidando de su autenticidad y aprende que no es muy seguro decir lo que está pensando o sintiendo, que habrá un castigo si no hace lo que mamá o papá dice, o lo que el profesor de la escuela exige, o bien el sacerdote, la monja, el ministro, etcétera. La familia, la sociedad y la religión son los factores que inciden más directamente en la transformación del comportamiento humano, cuyo fin es aprender a volverse grande y olvidar al niño interior.

Esta formación de juicios nos lleva a ponernos máscaras para ser aceptados, y aprendemos a tener tantas de ellas como prendas tengamos en el closet, y utilizamos una máscara para cada situación, hasta que llegamos a tener tantas que nos vamos perdiendo y se nos olvida por completo quiénes éramos antes. Dejamos de reír, de tener sueños e ilusiones, y nuestra vida se convierte en un gran drama.

Cuando conocí a Don Miguel Ruiz, autor del libro *Los Cuatro Acuerdos*, cuando estudié personalmente con él, entendí lo que Miguel nos quiere transmitir al decir que la Voz del conocimiento

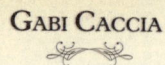
es la que habla en nuestra cabeza: no es nuestra sino de alguien más, de quien nos la enseñó en un primer momento, y luego nosotros acordamos que sería nuestra. Así aprendemos a juzgarnos y a juzgar a los demás, hasta llegar incluso a juzgar si sentir y pensar es bueno o no, si es correcto o incorrecto. Poco a poco estos juicios nos van afectando físicamente y nuestro cuerpo, que es completamente leal a nosotros, obedece lo que le pedimos, aunque vaya en contra de sí mismo. Pero su lealtad a nosotros es absoluta y hará lo que inconscientemente le ordenemos, sin importar si le gusta o no. De cualquier manera, el cuerpo siempre avisa si se siente bien o mal, si esta cómodo o incómodo. ¿Cuántas veces te has aguantado las ganas de ir al baño porque te han dicho que no debes ir? Pongo este ejemplo porque a mí muchas veces me afectó. Me decían que no es seguro ir a cualquier baño y que sólo debía usar el baño de mi casa. ¿Cuántas veces has dejado de beber agua porque estás haciendo algo y debes esperarte a terminar, aunque sientas la boca seca y necesites un fresco vaso con agua? ¿Alguna vez te has percatado de que ciertos alimentos te irritan y aún así los sigues comiendo? ¿Cuantas veces te has dado cuenta que criticar a una persona le traerá consecuencias futuras, e interiormente sabes que debes callar y sin embargo terminas por juzgarla? Como puedes observar, si has sido honesto al responder estas simples preguntas, todos lo hemos hecho en algún momento de nuestra vida, generalmente porque creemos que no hay opción ya que las normas sociales y los pesados juicios son más fuertes que lo que nuestro cuerpo nos está pidiendo.

Aunque lo anterior podría interpretarse como que lo mejor es hacer lo que nos venga en gana cada vez que sintamos alguna necesidad, se estaría confundiendo con libertinaje y con vivir como salvajes.

Comportamiento humano actual

El comportamiento humano de la actualidad se resume en que identificamos el ser con hacer y con el tener. Creemos que somos lo que hacemos y tenemos y dejamos completamente de lado lo que realmente somos, el "yo soy", es decir, el "Ser", un espíritu libre. Como consecuencia, nos identificamos con nuestra actividad o posesiones y, a su vez, con lo que hacen o tienen los demás. ¿Por qué pasa esto? Es simple. Cuando somos pequeños el objetivo de la palabra "eres" es identificarnos con lo que "somos", y está dirigida a nuestras acciones, dando por resultado el "soy". Cuando nos dijeron: "Eres un tonto", nuestra interpretación fue: "Soy un tonto"; "Eres muy inteligente": "Soy muy inteligente." Como puedes ver es sencillo; el problema reside en que usamos poca fuerza para alentar la conducta de forma positiva, para ayudar a que la persona alimente su espíritu de una manera grandiosa. Lo anterior ha sido malentendido por muchas personas. Para evitar que el individuo "se crea demasiado", confundiendo muchas veces al espíritu con el ego, buscan que éste por ningún motivo crezca. Considero que al aclarar este malentendido todos podemos vernos como lo que realmente somos: "Somos un espíritu viviendo una experiencia humana."

¿Cuántas veces te has sentido hasta cierto punto incómodo o incomoda, cuando alguna persona te halaga simplemente con: "Qué bonitos ojos tienes", y respondes: "No es para tanto", "Amanecí hinchada", en fin, damos excusas y, por supuesto, te gustaría decir que es verdad, pero te han dicho que eso es ser poco humilde, vanidoso, que te vas a creer mucho, etcétera. Y cuando ves a alguien que sí se atreve a responder lo que tú no, entonces piensas, o incluso dices que esa persona es un creído o creída.

Cuando estudiaba sastrería tenía una compañera muy talentosa. Un día le dije: "Te crees mucho", y ella me respondió: "Soy mucho." Yo lo tomé como arrogancia de su parte, pero en el fondo de mi corazón deseaba tener su talento y, es más, me hubiera encantado tener la libertad para decir: "Soy mucho."

Años después, en noviembre de 2003, cuando conocí a Don Miguel Ruiz, me acerqué a que me autografiara un libro. Lo primero que me dijo al verme fue: "Qué hermosos ojos tienes", y le respondí: "Gracias, lo sé, tengo unos ojos lindos." ¡Qué maravilloso es aceptar un halago y decir "¡Gracias, lo sé!" Recuerdo que Don Miguel Ruiz me pidió que me sentara a su lado y platicamos por un momento, incluso me hizo una invitación a participar en un taller que impartiría en la ciudad de México, al que posteriormente asistí y en el que inicié mi aprendizaje en la sabiduría ancestral tolteca.

"El que realmente soy"

SER

"Creo que este soy yo"   "Este soy yo"

Te invito a que traigas a tu mente un recuerdo de alguna situación en la que te hubiese gustado decir o reconocer alguna cualidad o talento tuyo, ya sea natural o aprendido, y que por vergüenza o miedo a ser juzgado como vanidoso preferiste callar. Toma tu tiempo para realizar este ejercicio.

Esto sucede con la gran mayoría de las personas alrededor del mundo, y se gesta en la familia. Está muy relacionado con la palabra autoestima, que es el amor que uno tiene por sí mismo. Las personas que nos educan nos transfieren su sistema de pensamiento y lo hacen con la mejor de las intensiones, es lo que saben hacer. De lo contrario, harían algo diferente. Esta situación difícilmente se logra ver de una manera sencilla en la práctica, aunque todos lo podemos comprender al leerlo y razonarlo. Este sistema de pensamiento se refuerza con el tiempo, y no necesariamente por el tiempo que transcurre, sino por la cantidad de veces que se reafirma. Nos llegamos a volver maestros del enojo, del fracaso, del mal caracter, de la tristeza, del desprecio, etcétera.

Mi amigo Marco Antonio Regil le llama "La Maestría de la repetición". Veamos un ejemplo. Un niño que escucha decir a sus padres que "es un inútil", será reafirmado en ello cada vez que lo escuche y el resultado será que se creerá un inútil, aunque no lo quiera. Y cuando crezca, probablemente en la escuela el profesor o profesora se lo dirá también, reafirmando una vez más lo que sus padres le han dicho. Lo mismo sucederá con sus amigos, compañeros de la escuela, incluso sus parejas y amigos más cercanos. Así crecerá hasta convertir todos sus actos en inutilidad. La consecuencia es que se identificará con "yo soy un inútil" y actuará así porque no tiene opción, dando origen a una herida emocional. Manejo el concepto de herida emocional a lo largo de todo el libro, ya que las emociones son la respuesta a las palabras y los pensamientos.

Las estancias de la mente

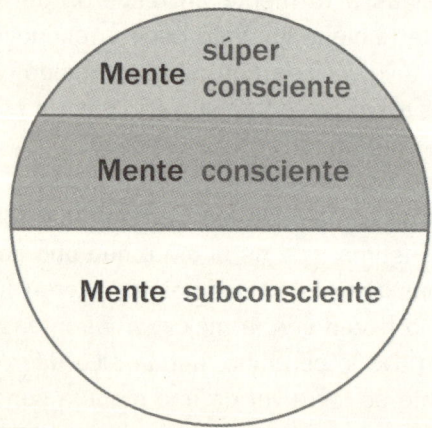

La mayoría de las personas desconocemos cómo funciona la mente. Nos resulta muy complicado asimilar las estructuras del pensamiento.

Para iniciar el camino hacia la comprensión del sistema de pensamiento de nuestro tiempo, te invito a que tomes un papel y pluma y escribas todos los "yo soy" que tienes grabados en tu mente. Por ejemplo, "yo soy lento", "yo soy aburrido", "yo soy flojo", "yo soy desordenado", "yo soy inteligente", "yo soy hermosa", "yo soy maravillosa", etcétera. Te pido que seas muy honesto contigo mismo. La finalidad de este ejercicio es que sepas sinceramente en qué crees. Ésta es la primera de las lecciones: "La Maestría del Darse Cuenta".

Así te podrás dar cuenta de lo que piensas de ti mismo, de lo que te atreves a decir sobre ti. Quizá te detengas más en escribir que eres sensacional, guapo, alegre, feliz y auténtico. En mi práctica profesional he visto a cientos de personas detenerse al hacer este ejercicio. Les toma más tiempo escribir fluida y libremente todos los actos llamados "cualidades". Les resulta más sencillo describirse a sí mismos con los llamados "defectos" ya que resulta familiar decir todo lo malo que vemos en nosotros.

Yo misma fui una de esas personas. Muchos años de mi vida me identifique con "soy fea, soy gorda, soy tonta, soy chismosa, soy burra", etcétera. Más de una vez la gente cercana a mí me lo dijo. Recuerdo que mi papá me comentó que yo era "como la cámara polaroid, que revela todo al instante", porque cuando era niña contaba lo que veía. Ese comentario afectó mi vida muchos años y tenía miedo de abrir la boca; aprendí que no era seguro decir lo que veía. "Una simple palabra puede ser como un hechizo" y paralizar a una persona, como menciona Don Miguel Ruiz, en su libro *Los Cuatro Acuerdos*. Lo más natural es que un niño repita lo que ve y lo diga sin miedo, que exprese lo que siente sin juicio alguno. A todos nos parece gracioso escuchar a un niño decir lo que los adultos no nos atrevemos. Hasta cierto punto nos parece simpático, lo festejamos con risas y lo contamos como anécdotas. Pero, ¿qué es lo que pasa con ese pequeño cuando va creciendo y sigue haciendo lo mismo? El adulto lo frena con una palabra, un grito, golpe o sarcasmo. Cuando crece, esas actitudes resultan poco atractivas, y es socialmente inaceptable que exprese lo que

ve, dice y hace, como lo hacía antes. Aprende a callar, fingir y actuar porque ya no es seguro decir la verdad. Se afirma que los niños dicen la verdad, que no tienen máscaras. Y es verdad. Incluso se les acusa de ser muy crueles. Sin embargo, considero que es sólo una interpretación de la verdad.

Un niño puede decir con claridad y sencillez: "Te huele mal la boca"; así, podemos reír y decir: "¡Qué transparente es!", hasta que crece un poco y aprende a callar; lo mismo que antes causaba simpatía ahora puede herir a alguien. Ahora bien, ¿cómo actúa un adulto ante esta misma situación? En un buen escenario, sacará de su bolso una pastilla de menta, se comerá una y ofrecerá otra a la persona que tiene mal olor de boca, pero pocas veces o nunca se atreverá a decirle: "Tienes mal aliento." Socialmente, esto sería una falta de educación. Pero, ¿cuántos agradeceríamos que alguien nos lo dijera, claro, sin sentirnos ofendidos? ¿Cuál es el problema real? Te han dicho que si tienes mal aliento, quizá sea porque no te lavaste la boca; entonces se interpreta como que eres sucio, y ser sucio es sinónimo de una persona poco deseable. Cada quien le dará la interpretación personal a este acto.

Hace unos años, cuando ya había comenzado mi trabajo interno y empezaba a reflexionar sobre cómo las palabras influyen en el individuo, alterando las emociones y éstas el estado físico, una persona me ofreció una pastilla de menta y yo le dije: "Dime si tengo mal aliento", entonces se ruborizó y me respondió: "No, Gabi, como crees", y tranquilamente le dije cuánto agradecería que alguien me informara si tenía mal aliento, ya que yo no podría saberlo por mí misma. Entonces me respondió: "¿De verdad te gustaría que alguien más te lo dijera?" "Sí", respondí con seguridad, "lo agradeceré mucho". Éste es un ejemplo de los muchos que te puedo contar. Son situaciones de la vida diaria, las cuales, si las viéramos sin juicio, como las miran los niños, viviríamos en un mundo más auténtico y con menos máscaras.

Estoy segura de que tú tienes una gran cantidad de anécdotas de tu vida. Tal vez no recuerdes muchas de ellas, pero están grabadas en tu mente subconsciente (mente reactiva).

Mente subconsciente o reactiva

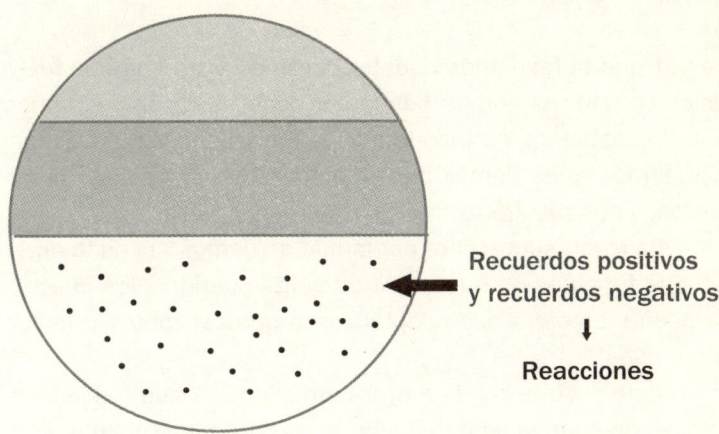

Recuerdos positivos
y recuerdos negativos

↓

Reacciones

Todos los eventos de la vida que te han generado alguna emoción, ya sea positiva o negativa, se encuentran bien resguardados ahí, y en algún momento saldrán fuera de ti y darán como resultado una consecuencia positiva o negativa. Lo anterior es una respuesta natural del ser humano. Me atrevo a afirmar que así funcionamos.

Vivimos en el mundo "físico", de la dicotomía o la dualidad. Se trata del mundo de los sentidos: podemos ver, oír, tocar, sentir, oler. Generalmente creemos que es todo lo que existe. Tiene reglas y normas para vivir de una manera sana y armoniosa. Sin embargo, este mundo es solamente una mínima parte del todo, y el mundo abstracto o de lo infinito es mayor. Ahondaré en este tema más adelante.

El sistema de pensamiento de nuestro tiempo nos invita, tanto agresiva como sutilmente, a empeñarnos en agradar a los demás, lo que nos conduce a querer tener la razón a toda costa.

Finalmente, lo anterior no es ni bueno ni malo, pero te pregunto: ¿te hace feliz?

Nunca me enojo por la razón que creo

Un Curso de milagros

Cada vez que defendemos nuestro punto de vista como si fuera la única verdad, es porque deseamos tener la razón y creemos que lo que sabemos es todo lo que existe y es la verdad. Entonces juzgamos a los demás por no actuar, hablar y pensar como nosotros, y nos resulta fácil decir: "Yo no hago eso."

La razón subyacente por la que actuamos así es la necesidad que tenemos de que nuestros seres queridos, los amigos, la sociedad, etcétera nos acepten, y no parecer tontos o malos frente a ellos.

Esto sucede con la mayor normalidad ya que todos creemos que tenemos la verdad y sólo la verdad. Sin embargo, esta creencia tan arraigada es la respuesta a los condicionamientos y estructuras que hemos adquirido desde la infancia, pero nada tienen que ver con nosotros, con lo que realmente somos. Me refiero a que son otra cosa completamente distinta del Ser, aquello que intrínsecamente somos, nuestra naturaleza original. Así, por seguir patrones estructurados ya establecidos por los adultos que nos educan, dejamos de seguir nuestra intuición.

¿Cuántas veces hemos preferido tener la razón y dejamos de ser felices? Yo diría que un sinnúmero de ocasiones. Simplemente, cuando te das cuenta de que alguien, o tú mismo, insiste en defender su punto de vista, tiene que ver con la importancia personal.

Uno de los principios de un curso de milagros es: "Nunca me enojo por la razón que creo", ¿qué quiere decir esto? Cuándo nos molestamos por algo siempre hay una razón más profunda de lo que parece que sucede en un primer plano.

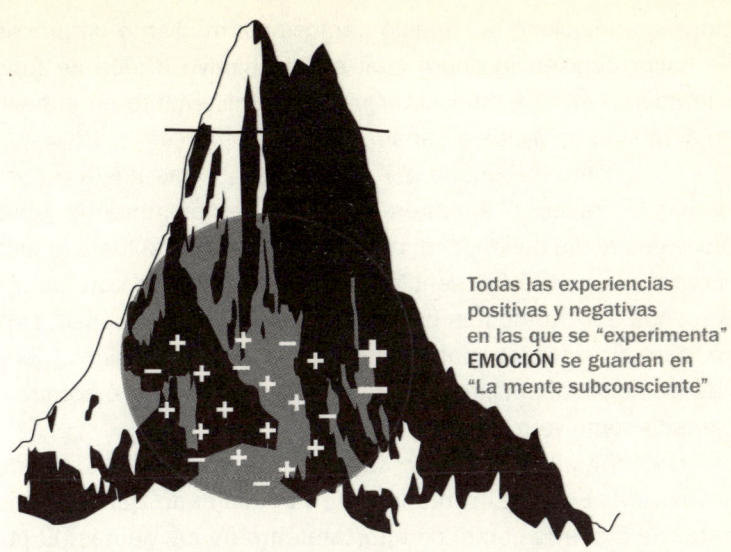

Todas las experiencias
positivas y negativas
en las que se "experimenta"
EMOCIÓN se guardan en
"La mente subconsciente"

EMOCIONES

El pegamento de la memoria es la emoción

La mente subconsciente es completamente reactiva, es decir, reacciona; y la mente consciente es creativa. La mente reactiva o subconsciente es aproximadamente 95 por ciento más grande que la mente consciente, la cual ocupa aproximadamente 5 por ciento. En la mente subconsciente guardamos toda la información que almacenamos a lo largo de la vida, así como las experiencias que han dejado una huella en nosotros, las llamadas emociones.

Muchas emociones se convierten en heridas emocionales ya que dejaron una huella en nuestro interior. Cada vez que recordamos alguna situación, persona o cosa que detone el recuerdo, reaccionamos. Y la manera más clara de hacerlo es defendiéndonos, ya sea atacando o contraatacando. Debo decirte que esto nos ocurre a todos los seres humanos; no existe una sola persona que se exima de esto, se resuelve hasta que el

individuo solucione la situación emocional mediante un proceso de hacer conciencia sobre cuál es el objetivo o idea de fondo subyacente en esa emoción. Quedarse únicamente en el hecho en sí mismo no ayuda a sanar.

¿Cómo me puedo dar cuenta de que me gusta tener la razón y lo prefiero? La manera de hacerlo es preguntarte: ¿cuántas veces al día defiendo mi punto de vista como si fuera la única verdad?, ¿con qué frecuencia me molesto? Ya sea con los más cercanos a mí como mis padres, hermanos, hijos, esposa, esposo, pareja, hasta los más lejanos como amigos, vecinos, personas de servicio, el clima, el gobierno, etcétera. ¿Será porque no piensan como yo o me contradicen?

Pregúntate cómo te comportas ante las adversidades de la vida. En ningún momento estoy diciendo que debemos estar de acuerdo con el comportamiento de los demás. El punto es cuestionarte simplemente si las situaciones llegan a alterar tu estado de armonía, si levantas la voz, gritas, insultas, golpeas, haces berrinche, si tu estado físico se ve alterado, te enfermas de cualquier cosa (lo más simple es gastritis, colitis, úlceras gástricas, estreñimiento, constipación intestinal, dolor de cabeza o garganta, cáncer, anemia, lupus, mal de Parkinson, dermatitis, acidez, adicciones, alergias, etcétera), si lo que comes te hace daño, sufres accidentes a cada rato, comes de más o dejas de hacerlo, si tienes insomnio, duermes más de la cuenta, te deprimes, dejas de reír, la vida te parece aburrida, ya no te gustas, criticas a las personas, juzgas todo y a todos, inclusive a ti mismo, cambias de opinión a cada rato, si tienes bulimia o anorexia, te dejas influenciar por los demás, por las circunstancias o la moda, si le das importancia a lo que los otros piensan de ti, si buscas agradar a quien sea con tal de ser aceptado en el grupo.

Podría seguir con esta lista interminable. Sólo he mencionado algunas de las consecuencias que tenemos por aferrarnos a querer tener la razón, ya que las situaciones de la vida alteran el estado emocional y, como he mencionado, las emociones se reflejan en el estado físico, en nuestro cuerpo. Puedes preguntarte qué tiene que ver esto con querer tener la razón. Está sumamente relacionado, ya que defendernos significa que sentimos que no hicimos algo bien o que estamos en un error, y esto tiene como consecuencias todas las dolencias que mencioné en el párrafo anterior.

Diversos grandes científicos, médicos y estudiosos de la conducta humana han investigado cómo es que el cuerpo humano responde a los diferentes estados emocionales, dando como resultado las enfermedades. Considero que le damos mucha más importancia a una enfermedad como el cáncer, por aquello que nos han dicho que representa. Sin embargo, cualquier alteración del estado físico de una persona es igual de importante. Pagamos un precio muy alto por querer tener la razón y dejamos de ser felices.

Cuándo leí por primera vez el libro *Tú puedes sanar tu vida*, de Louise L. Hay, y posteriormente el libro *La enfermedad como camino*, de Thorwald Dethlefsen y Rüdiger Dahlke, así como a Eckhart Tolle en su obra *El poder del Ahora*, me di cuenta de que todos mencionan la importancia que las emociones tienen sobre nosotros y cómo alteran el estado físico, el cuerpo. Es decir, las enfermedades son la respuesta a las emociones y a los pensamientos que generamos a partir de las diversas situaciones que vivimos.

Las enfermedades tienen una connotación emocional y un motivo de existencia debido al arraigado sistema de pensamiento que adquirimos a lo largo de la vida, caracterizado por el juicio hacia los acontecimientos.

Cuando enfermé de cáncer y comencé a leer sobre su significado al nivel del sistema emocional, no tuve más opción que profundizar al respecto y finalmente reconocer que a lo largo de mi vida había experimentado mucha tristeza, dolor, amargura, coraje, resentimiento y frustración. El cáncer es la manifestación de todas estas emociones. Asimismo, me enfrenté con el hecho de reconocer todas las ocasiones que había preferido

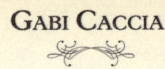
defender mi punto de vista, en lugar de ser feliz. Pero, evidentemente, había otorgado el valor de mi felicidad a lo externo, en lugar de mirar en mi interior.

¿Cómo es que las emociones influyen?

Las emociones son un regalo precioso, y se expresan visiblemente en nuestro cuerpo físico. Generalmente provienen de los pensamientos, los cuales muchas veces verbalizamos; es decir, los convertimos en palabras. Y en efecto, las palabras son los símbolos que utilizamos para comunicarnos. Nada más imagina cuántos pensamientos tienes en una hora, un día, una semana, un mes, un año: pasan por tu mente millones de ellos, y posteriormente se materializan.

Recuerda las veces que has pensado, sólo pensado, en alguien, y repentinamente esa persona llama por teléfono a tu casa y le dices: "No me lo vas a creer, estaba pensando en ti y justo estás llamando a mi casa." Así de claro es.

Un pensamiento produce una emoción pero, dado que no podemos ver las emociones y los pensamientos, sólo sabemos que existen cuando nos detenemos a sentir nuestro cuerpo. Cada pensamiento es producto de la información o del conocimiento que tenemos del mundo en que vivimos, del lugar, la religión que practicamos, nuestra estructura sociocultural y de quienes creemos que somos, nuestras habilidades y creencias.

Más adelante abordaré el tema de cómo nos identificamos con nuestras acciones, es decir, con lo que hacemos y tenemos, dejando de lado al Ser, aquello que realmente somos.

Pero ¿Cómo se adquiere este sistema de pensamiento? Anteriormente mencioné que todas las personas que nos rodean son la influencia más importante en la vida de cada individuo. En primer lugar, la familia, como núcleo, es el contacto directo prioritario. Ésta encierra los acuerdos o costumbres establecidos desde generaciones, atravesando a los padres, abuelos, hermanos, tíos y parientes en general. Posteriormente, la religión, cualquiera que sea, así como la sociedad, la cual implica a todas las personas con las que tenemos contacto a lo largo de la vida. Ya que todos los seres humanos hemos sido educados individualmente bajo un sistema muy específico de pensamiento, deseamos defender, a toda costa y de cualquier manera, nuestro punto de vista como si fuera lo único que existiera. Y esto es así porque ese sistema de pensamiento es lo que conocemos, y muchas veces pagamos un precio muy alto por esta defensa, lo cual se refleja en la propia persona. Recuerda que por ningún motivo es necesario que estemos de acuerdo con todos y con todo, para nada es así; sencillamente, se trata de respetar el punto de vista de otros seres humanos, educados bajo otro concepto, cultura, religión, escala de valores, etcétera, que quizá sean muy diferentes a los nuestros. Sin embargo, la verdad es para cada quien aquello que conoce.

Hace unos días me encontraba saliendo del estacionamiento de un centro comercial en la ciudad donde vivo, y había una gran fila de autos dispuestos a salir. De pronto, observé que un joven de no más de 25 años salió de un auto, del lado del copiloto, y con una llave ralló la lámina del auto que estaba estacionado a su lado derecho. Entonces, me pregunté: "¿Cuál es la razón por la que este joven ha hecho eso?" Vinieron a mi mente muchas historias: quizá el joven conoce al dueño del auto y se está vengando de algo, quizá sienta envidia porque desea un auto como ése, en fin, muchas opciones más. Lo evidente era que el chico estaba muy molesto. Cuando pude emparejarme al auto en que viajaba el chico, bajé la ventanilla de mi auto y le pregunté por qué había dañado el auto estacionado. Visiblemente molesto, el joven me respondió: "Me dejó encerrado", y acto seguido me dijo en tono agresivo: "¿Qué, tienes algún problema, es tuyo el auto?" Yo guardé silencio y no dije nada. Pero veamos cómo funciona esto de que las personas actúen así ante una situación semejante.

Sucede que la mente guarda información de lo que significa estar encerrado, a partir de una primera situación. Cuando algo similar se presenta, el recuerdo de lo que significa estar encerrado salta automáticamente. Por eso no todas las personas reaccionarían de igual manera ante la misma situación.

Podríamos decir que evidentemente el chico tiene la razón, decide defender su punto de vista y actúa de acuerdo con los impulsos que su mente le propone en concordancia con su educación o con la manera en que aprendió a resolver los problemas. Algunos quizá piensen que hizo lo que tenía que hacer; para otros, el joven es una persona violenta, y otros más dirán que, si ya había logrado salir del estacionamiento, no tenía caso que dañara el auto de la persona que lo dejó encerrado.

Cuando afirmo que pagamos un precio muy alto por la cantidad de veces que preferimos tener la razón en lugar de abrir la puerta de la felicidad, sucede que estamos cambiando nuestra paz por la intranquilidad.

La mente viaja al pasado, a los recuerdos que están grabados en el subconsciente. Es ahí, en esta instancia de la mente, donde se encuentra la información del significado de los diferentes momentos de nuestra vida, los cuales están impregnados de una carga emocional muy fuerte. Con cada hecho parecido que sucede posteriormente, reaccionamos en concordancia con los recuerdos que guardamos.

Me pude ver reflejada en ese joven al recordar las ocasiones en que también había actuado de una manera agresiva. La diferencia es que lo puedo ver con claridad y sin juicio y tuve la capacidad de verme reaccionando así.

He pasado por múltiples acontecimientos en los que me he visto obligada a reaccionar. Antes peleaba constantemente y mi vida estaba compuesta por una pelea tras otra. Me parecía que era lo más normal. Para mí es muy importante mantenerme alerta y cuando siento un malestar me pregunto: "¿Qué o a quién me está recordando?" y en ese momento estoy en control de la situación, de lo contrario me dejaría llevar por la emoción y me engancharía en una discusión.

¿Por qué reaccionamos así?

Nuestra mente es maravillosa y una herramienta sumamente poderosa. Entender cómo funciona nos permite darnos cuenta de que viaja del presente al pasado y al futuro de una manera rápida y vertiginosa, en automático, y sigue así hasta que hacemos conciencia de ello.

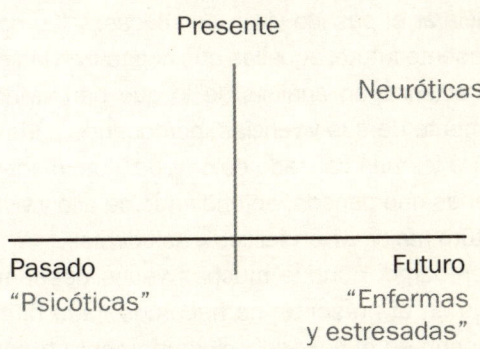

Personas que viven ancladas
en el pasado

Presente

Neuróticas

Pasado
"Psicóticas"

Futuro
"Enfermas
y estresadas"

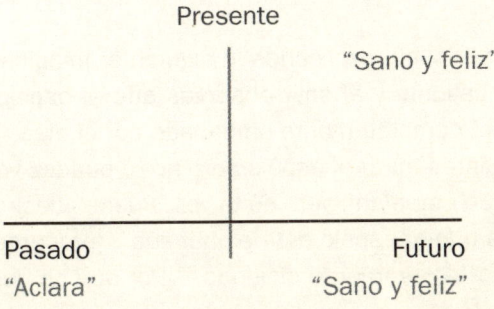

Personas que aclaran
su pasado y lo capitalizan

Presente

"Sano y feliz"

Pasado
"Aclara"

Futuro
"Sano y feliz"

Como podemos ver en esta gráfica, el pasado guarda mucha información y el futuro también crea una gran cantidad de información. Al imaginar lo que va a suceder en el futuro estamos creando escenarios. Por otra parte, el presente es un instante efímero. Generalmente queremos que pase algo diferente de lo que tenemos en el momento presente debido a que nos evoca experiencias del pasado, y esto genera que nos volvamos neuróticos, pues hay algo que nos impide disfrutar el presente de una manera saludable. Aquello que nos limita a disfrutar de un presente y futuro saludables, se encuentra guardado o archivado en nuestra mente subconsciente o reactiva.

Mi amigo y yerno David Steinberg me ha enseñado lo que Robert Kiyosaki le ha transmitido: todas las personas que viven ancladas en el pasado viven psicóticas; quienes viven en el presente sin sanar o aclarar el pasado viven neuróticas; y las personas que viven en el presente-futuro, aquellas que capitalizan las experiencias del pasado, haciendo un análisis de lo que han vivido, hablando transparentemente de sus vivencias, perdonando a las personas o situaciones que les han causado dolor y, de igual manera, pidiendo perdón a quienes han dañado, aprendiendo de ello y viviendo en un presente y futuro mejor, viven felices y saludables.

Sin embargo, aunque muchas veces deseamos resultados diferentes en el presente, no hacemos nada diferente de lo que hemos hecho en el pasado y evidentemente tendremos más de lo mismo, es decir:

MISMAS ACCIONES = MISMOS RESULTADOS

A mis clientes suelo explicarles lo siguiente: imagina que entras a la ducha caliente y al salir observas que el espejo del cuarto de baño está completamente empañado por el efecto natural del vapor. Te quieres mirar al espejo pero no te puedes ver claramente; sabes que estás ahí, pero no te ves. Puedes decir: "¡Qué lata! Me molesta que el espejo esté empañado", (presente), y preguntarte o juzgarte duramente diciendo: "¡Por qué no dejé la puerta abierta!", (pasado), y seguir renegando. Esto es pasar del pasado al presente sin hacer nada.

O bien, puedes preguntarte: "¿Qué necesito hacer para verme claramente en el espejo?" (futuro clarificado), y revisas tus opciones, tomas una toalla y limpias el espejo, echas aire y abres la puerta o lo intentas con un secador de cabello. En fin, ves las opciones y aprendes de lo que sucedió en el pasado.

El ejemplo del espejo es simple. Ahora, imagina lo que pasa con las situaciones que se viven cotidianamente en las que algo nos molesta de las personas cercanas. Podemos sentarnos a charlar para aclarar y poner en orden el pasado, y así sembrar un presente-futuro saludable, con el fin de que la relación funcione. O bien, podemos no hacer nada, pero queriendo que pase algo maravilloso de repente. Evidentemente, esto nunca sucederá.

Nuestro problema es que el ego, o la importancia personal, nos impulsa a creer que es mejor tener la razón porque así pareceremos inteligentes y terminaremos haciendo justo lo que queremos. Éste es el juego del ego. Pero podríamos salirnos de ese carril en que viajamos por inercia, ver las cosas de manera distinta, ¡y vivir felices!

He fomentado este proceso con mis hijos para que nuestra relación funcione con más claridad y honestidad, y lo aplico también a mis clientes con sus parejas, incluso con sus familias. Al sanar situaciones que en el pasado eran pesadas y resolverlas, su vida se ha transformado de forma increíble.

Considero de suma importancia mencionar que somos Seres muy poderosos, y que no somos nuestra mente. En verdad es un grave error cuando nos identificamos con la mente o con nuestros pensamientos. Sin embargo, la mente es el amplificador para que llevemos a cabo las acciones. Como he mencionado, en la mente subconsciente guardamos las experiencias de la vida, como si fuera un gran archivero. Y así, podemos utilizar la mente a nuestro favor o en contra nuestra. Para que la mente nos beneficie es necesario entrenarla, pero para ello es imprescindible reconocer lo que estamos sintiendo y aquello que estamos pensando. Es decir, darnos cuenta, que es una de las principales herramientas para vivir en un mejor estado.

Entrenar a la mente es igual de importante como ir a un gimnasio a entrenar nuestro cuerpo. A lo largo de mi experiencia he aprendido que, para llevar a cabo este entrenamiento, debemos adoptar una forma de vida congruente con nuestros actos cotidianos, hasta llegar a dominar cada día más el funcionamiento de la mente.

Si lo piensas con detenimiento, todo el tiempo nos encontramos entrenado la mente. Esto es visible en los resultados de tu vida presente. Quizá esto no te agrade mucho ya que implicaría hacerte responsable de ti mismo y de los pensamientos y acciones del pasado que te han traído hasta aquí. Considero de gran importancia tomar conciencia al respecto si deseamos ser libres y felices. Porque para ser libres y felices, el primer paso es ser responsables.

Lo maravilloso de la vida es que cada día es un día nuevo, con distintas situaciones y oportunidades. Esto resulta sensacional ya que permite darme cuenta de qué tan entrenada tengo mi mente. Admito que sigo aprendiendo todo el tiempo: sé que nunca terminaré de aprender pues cada situación o persona es un maestro que me muestra si he aprendido a vivir libre y feliz, o si aún deseo tener la razón. Y recalco con gran énfasis que sigo aprendiendo todos los días.

Ser responsable de mí misma es hacerme cargo de la manera en que respondo a las situaciones de la vida. Aunque muchas veces no me gusten mis acciones ni lo que generan, entender de esta manera la palabra responsabilidad me ha dado la oportunidad de saber que no siempre mis resultados serán del todo buenos, que habrá días buenos y otros no tanto, lo que me permite ser más amorosa conmigo y abrirme a comprender a los demás.

Para mí, ser feliz es una opción y es completamente personal. Asimismo, optar por renunciar al juicio también es una opción personal. Elijo ser feliz ante esta situación, ya no tengo la necesidad de defender mi punto de vista social, religioso, político, porque sólo se trata de mi opinión y nada tiene que ver con los demás. Todos tenemos una percepción diferente de la vida, sólo soy responsable de mí y de esta manera he podido aprender a vivir más feliz.

Somos espíritus envueltos por piel, y es hasta nuestra muerte que lo recordamos.

Mauricio Caccia.

La función del ego

Muchos de nosotros que caminamos tratando de encontrar el verdadero sentido a nuestra vida, podemos afirmar que muchas veces nos hemos sentido atrapados por el miedo. Miedo a vivir, a morir, al placer, a soltar el control, a expresar los sentimientos, a ser lo que deseamos y, sobre todo, miedo al amor. Sí, estás leyendo bien, miedo al amor. Se requiere de una considerable confrontación con uno mismo para identificar y crear conciencia de estos miedos, ya que generalmente están enmascarados. Pero aún así, existen.

Al aumentar nuestra conciencia de cómo estamos viviendo nos percatamos de estos miedos; es decir, cuando aceptamos, sin juzgarnos, que los sentimos o los hemos sentido, también nos damos cuenta de los resultados que han generado en nuestra vida. Al abrir los miedos, es necesario comprender que habían sido inconscientes y eran parte de nuestras reacciones en automático. Y es a partir de esto que las reacciones se convierten en acciones. Así, sabemos cómo vamos a actuar ante la vida y si tienen o no sentido ciertas acciones, podemos ver cómo reaccionábamos antes a los estímulos: pero ahora tomamos acción porque sabemos que ahí es donde reside nuestro poder de elección. Insisto: yo decido qué quiero, yo abro la puerta de la felicidad, y tú también puedes hacerlo.

Por ejemplo, te encuentras dentro de tu casa. Está lloviendo y tienes que salir. La lluvia no dejará de caer por el hecho de que tú te enfurezcas o reniegues, pero sí puedes ver las cosas de otra manera. El problema no es la lluvia sino lo que tú interpretas de ésta o lo que significa para ti.

Cuántas veces nos perdemos de momentos de plenitud y felicidad por vivir anclados en el pasado. La vida nos da regalos a manos llenas, pero dado que estamos anclados en el pasado y en las visiones futuras, sin clarificar nuestra vida, perdemos los regalos y pasamos de largo ante ellos. La verdadera función del ego es impedir que vivamos felices.

LA FUNCIÓN DEL EGO ES IMPEDIR QUE VIVAMOS FELICES

Al identificarnos creyendo que somos lo que pensamos, el ego nos atrapa fácilmente. Si yo pienso que soy enojona, entonces me veré a mí misma como enojona. Es importante entender que me puedo enojar por algo, pero ello no significa que siempre sea enojona. El ego tiene como función separarnos del regalo más grande que tenemos: la libertad, conocida también como libre albedrío. Dios nos dotó a todos con este regalo, pero pocos, muy pocos, lo ejercemos. Y justamente no aceptar este regalo tiene como resultado que creamos que somos nuestros sentimientos y nuestra mente. Pero somos mucho más que eso. Somos espíritu.

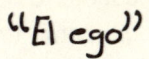

Con el "ego" siempre pierdes

La ilusión del ego: ¡Busca, pero no encuentres!

De cualquier manera, con el ego siempre perdemos, ya que nos propone lo siguiente: "Busca, pero no encuentres". Para el ego, el amor es demasiado peligroso. Aun así, alienta con gran insistencia la búsqueda del amor, pero pone una condición: "Que nunca lo encuentres", porque su función es que nunca encontremos la mirada en la esencia de quienes somos.

Un aspecto fundamental que contribuye a alimentar al ego se resume de la siguiente manera: la ignorancia de la existencia del Ser, no darnos cuenta de quiénes somos realmente. En la búsqueda del sentido de nuestra vida podemos quedar atrapados por mucho tiempo porque el ego no desea que seamos libres; no reconoce la libertad y jamás se sentirá identificado con ella, aunque nos aliente a su interminable búsqueda. En esencia, la condición de tristeza de la humanidad se debe principalmente a la ignorancia sobre la existencia del Ser aunque digamos que lo sabemos, el hecho de no verlo nos invita a dudar de esto como una gran verdad.

En el mejor de los casos, los seres humanos más iluminados aceptan su existencia como un precepto filosófico. Sin embargo, los preceptos racionales están muy alejados de la experiencia viva y dinámica de ser quienes en verdad somos; es decir, vivir felices y no quedarnos en decir que somos felices. Cuando volvamos a mirar a nuestro interior, en donde Dios puso su morada, encontraremos que no debemos hacer nada para Ser, porque ya somos. A pesar de ello, como he mencionado antes, solemos identificarnos con las acciones y las posesiones, con lo que hacemos y tenemos. No deseo implicar que vas a tener éxito en la vida si te quedas sentado frente al televisor, por el simple hecho de saber que eres un Ser espíritual.

Cuando una persona logra reconocer que en efecto es un espíritu y que está vivo, el deseo más grande que surge es la expansión de la grandeza interior, ya que la persona se sabe completa. De esta manera, sus acciones se vuelven dinámicas y predomina el deseo de contagiar a los demás de la alegría de la vida.

Si fuéramos educados con la idea de que somos Seres teniendo una experiencia humana, y nos dejáramos de identificar con nuestro cuerpo y mente, nos daríamos la oportunidad de comunicarnos de una manera profunda. Esto daría como resultado acciones maravillosas, basadas en la abundancia y la paz. Pero la función del ego bloquea este proceso interno con el fin de que no lleguemos a vernos como Seres espirituales.

Al ignorar el hecho de que somos algo más que el cuerpo y la mente, reaccionamos de una manera dividida; es decir, enfocamos la atención y la energía en tener la razón, en lugar de ser felices. El Ser creativo vive y se mueve dentro de la persona, y la persona se mueve y vive con él. Existe una unión entre ambos.

El ego intenta que olvidemos nuestra verdadera esencia, que dejemos de buscar la sabiduría interior. Así, al apoyarnos e identificarnos con el ego y creer que ahí reside nuestra seguridad, olvidamos tocar nuestros sentimientos y escuchar las verdades más profundas provenientes de nuestro Ser. Finalmente, nos tememos a nosotros mismos: nos hemos alejado tanto de nuestra realidad, que resulta difícil reconocer quiénes somos verdaderamente: Seres maravillosos.

Cuando nos identificamos exclusivamente con el ego, nos alejamos completamente de la realidad, de quiénes somos, y nuestra vida se torna vacía y sin significado. El ego es engañoso: pone su mirada en situaciones y sueños sumamente atractivos, pero infértiles. Cuando la persona alejada de su Ser se enfrenta a la realidad y se da cuenta del engaño del ego, la reacción inmediata es la inseguridad y, por consiguiente, el fuerte deseo de tener la razón constantemente para cubrir las carencias por medio de las apariencias. Es entonces cuando buscamos placeres externos de manera frenética, los cuales están vacíos y nos dejan exhaustos e insatisfechos, se recurre a placeres temporales hasta crearse adicción.

"Máscaras del ego"

"No tengo, no valgo"

¡No sé hacerlo!

¡Si compro un auto soy alguien importante!

Otro aspecto característico del ego es que fomenta la co-dependencia. Dado que no sabemos con seguridad quiénes somos, y necesitamos la aceptación constante para sentirnos amados por los demás, a cualquier costo buscamos pertenecer a grupos sociales que nos den la idea y el cobijo de ser como los demás. El ego no puede agregar la vida que vivimos; no nos entregará sentimientos verdaderos y, por supuesto, tampoco brindará un profundo y agradable sabor a la vida. Lo único que puede proponer una y otra vez es que lo que hacemos no tiene valor y que los demás son quienes otorgan el valor a nuestra vida. Aunque en verdad seamos creativos y sumamente talentosos, el ego nos dirá que nuestras ideas no son tan buenas como las de otros. También hace lo contrario: nos hace creer que somos superiores a los demás. En suma, el ego entrampa cualquier posibilidad de éxito ya que alienta a salirte de tu lugar real en busca de máscaras falsas que te harán sentir más seguro y amado por los demás. El ego jamás estará dispuesto a que sientas y experimentes profundamente, incluso te impedirá crear, ya que el Ser creativo no es su función.

Cuando digo creativo, no sólo me refiero a la creación artística, sino a hacer de nuestra vida una sinfonía en la que fluyamos de manera natural, sin máscaras, como cuando éramos niños.

Todo acto sencillo de la vida puede ser creativo, siempre y cuando vivamos activados por el Ser. Sentir pasión es una forma muy clara de darnos cuenta de que está operando el Ser, y no el ego. Aunque el ego se empeña en disfrazar las cosas de una manera muy sutil, es posible distinguir desde dónde estamos operando por medio de una herramienta muy poderosa: estar presentes en el aquí y el ahora. Ésta es la forma más exitosa para identificar al ego y distinguirlo del Ser. Dado que el ego siempre nos invita a viajar al pasado o al futuro, y promueve que dudemos de la intuición profunda que nos protege, en el tiempo presente clarificado no puede existir el ego. Toda vez que operamos con el ego estamos separados del Ser. Sin importar cuánto nos esforcemos, cuando nos sentimos o creemos estar separados del Ser, estamos regidos por el ego.

PARA EL EGO ES IMPERATIVAMENTE IMPORTANTE TENER LA RAZON

Saber del miedo, sentir el miedo

El miedo es el ego. Para explicarlo de manera más sencilla, iniciemos con el miedo a la muerte. Este miedo en particular ensombrece la vida de un sinnúmero de seres humanos, ya que en diversas culturas la muerte es vista como algo terrible. Sin embargo, en otras culturas la muerte es algo natural.

Cuando nos identificamos de manera predominante con nuestro cuerpo y el mundo físico que nos rodea el apego a las personas y a las posesiones, el miedo a la muerte se justifica claramente: el cuerpo físico muere y el ego se identifica con lo físico.

Quizá esto te parezca aterrorizante, ya que está vinculado con el sentido de pérdida, específicamente de alguna persona o cosa. Cuando alguien ha vivido en función de tener y ha desbordado energía entregando tiempo, esfuerzo y dedicación inclusive antepuesto la salud para poseer algo o estar con alguien, y de pronto la muerte o la pérdida llegan a su vida, entonces se da cuenta de que ese esfuerzo ha sido inútil y que no puede llevar consigo nada ni a nadie, por mucho que haya logrado poseer. Aunque muchas veces utilicemos la palabra muerte como parte de nuestro lenguaje cotidiano, en el fondo experimentamos el deseo de que no llegue a nosotros.

Piensa o recuerda cuántas veces has dicho: "Si me pasa esto, me muero", "si se va y me deja, no podré vivir", "me voy a morir", "me muero de miedo", "me muero de hambre". Si observas con detenimiento, podrás ver que hablamos de muerte con gran ligereza, pero cuando ésta en verdad se aproxima, huimos de ella y no queremos enfrentarla. Esto se debe a que tenemos la idea de que si morimos no volveremos a ver a quienes amamos o que ya no realizaremos ciertas acciones. Ésta es una idea y forma parte del sistema de pensamiento personal. Y, como tal, cada uno de nosotros tenemos un concepto de muerte, según las creencias o acuerdos que hayamos establecido en la infancia.

No negaré que cuando me diagnosticaron cáncer sentí miedo. Por supuesto, mucho miedo; me aterrorizó tan sólo el hecho de hacer en mi mente una película de mi vida y saber que quizá ya no podría gozar de estar con mis hijos y nietos, y que además me perdería lo mejor de la vida. Me frustró enormemente pensar que me encontraba en el momento de despertar mi conciencia, comenzando a entender que no soy mi cuerpo, mi mente ni mis emociones, sino un Ser. Obviamente, nada de esto estaba ocurriendo en la realidad, sino que sólo cruzaba por mi mente debido a la terrible noticia de que probablemente me iría pronto por el cáncer que alojaba en mi cuerpo.

Definitivamente, la muerte resulta amenazante pues nos identificamos únicamente con el mundo físico: desde las pertenencias hasta nuestro propio cuerpo, y creemos que eso somos. Cuando un ser humano se reconoce a sí mismo, significa que ha despertado, ha sido capaz de activar la parte de su conciencia que lo lleva a la verdad de que es un Ser.

Entonces, vive con esta iluminación y alegría todos y cada uno de sus días. Sabe y siente su naturaleza inmortal, sabe que es un Ser eterno. No es posible explicarlo con la razón: se trata de una experiencia que cambia la vida de una persona, aunque para muchos no tenga sentido y la juzguen como locura.

Para el ego, morimos en el momento de la muerte. Sin embargo, aunque propiamente el cuerpo físico sí muere, nosotros no somos eso. Utilizamos el cuerpo como vehículo para comunicarnos, y por ello debemos cuidarlo, alimentarlo, respetarlo, amarlo y honrarlo. A su vez, los objetos son herramientas y es preciso usarlas con amor y respeto, pero no con apego. De lo contrario, experimentamos la pérdida y la sensación de vacío.

Como mencioné, recuerdo claramente que tenía miedo de enfermar de cáncer y lo sentía. El día que fui diagnosticada con esa enfermedad, me di cuenta de que mis pensamientos de temor se habían materializado. Sin embargo, en ese momento realmente no sentía el miedo como lo había experimentado. Tocar la muerte estando consciente de que no soy mi cuerpo es más fácil que creer que aquello que pierdo se extravía por completo. La muerte es un proceso natural que todos vamos a enfrentar, y prepararse para ella es más fácil que evadir el tema creyendo que nunca llegará.

Hace unos días pude acompañar a David, mi compañero de vida, en la despedida de un tío muy cercano a él: un hombre de 82 años que había sido diagnosticado con un cáncer avanzado en varias partes de su cuerpo. Fue maravilloso escuchar a este hombre que, con una sabiduría encantadora, reconoció frente a su familia todos sus aciertos y desaciertos en la vida y les pidió que el día de su partida, todos estuvieran felices. Dijo que había vivido intensamente, sin deberle nada a nadie, ni a la propia vida. Con sus hijos, hermanos y nietos a su lado, concluyó: "Gracias a todos por haber sido parte de mi vida, me voy en paz, me voy como llegué: libre." Ese momento fue tan hermoso, que puedo afirmar con certeza que se puede ver la muerte como una fiesta y un proceso que todos viviremos.

La manera en que está estructurado el mundo nos conduce a identificarnos claramente con lo que hacemos y tenemos, lo cual nos lleva a creer que así descubriremos quiénes somos. Lo anterior resulta francamente desgastaste ya que con este sistema de pensamiento y comportamiento nunca podremos satisfacer las necesidades que el ego nos invita a satisfacer.

El ego propone lo siguiente:

Si haces — tienes
Si tienes — vales

VS.

hacer
tener
ser

ser
hacer
tener

Yo vivía claramente identificada en agradar a los demás y pasé muchos años de mi vida haciendo cosas para obtener reconocimiento. Consideraba que así sería alguien importante o una persona digna de ser amada. Sin embargo, resultó todo lo contrario: me abandoné a mí misma para enfocarme en encontrar el amor y la aprobación de los demás. ¿Cuántas veces te ha pasado esto a ti, o a alguien que conozcas?

Para mí todo fue un fracaso, y lo que más deseaba en esa etapa de mi vida era morir: pensaba que si moría todo terminaría y estaría mejor. Pero poco a poco supe que jamás morimos porque somos Seres eternos envueltos en piel, viviendo una experiencia humana.

Otro miedo es el miedo a vivir. Esto únicamente se comprende al haber experimentado al Ser, ese Ser maravilloso que somos, el espíritu libre.

Entiendo el miedo a vivir de una manera muy clara cuando observo que viví rodeada de múltiples máscaras para ser aceptada y dejé de vivir para mí: la sorpresa fue que jamás terminaba de agradar porque siempre había algo más que hacer.

Hace unos días mi compañero de camino, quien me muestra este lado maravilloso de la libertad, a no temer a la vida, me dijo: "Nunca hagas nada para complacerme a mí, siempre haz las cosas que te hagan feliz." Él es uno de mis ejemplos para vivir sin miedo. A veces, cuando estamos haciendo las compras en algún supermercado, si escucha una melodía que le gusta me toma de la cintura y baila conmigo sin importarle nada. Para mí, eso es vivir. Antes hubiera pensado que estaba haciendo el ridículo o no era el lugar adecuado para hacerlo, y no me atrevía a hacerlo. Pero si veía que alguien más lo hacía me encantaba.

Si me hace feliz bailar, lo hago. Antes me la pasaba racionalizando todo y no disfrutaba la vida. Ahora tengo claro lo siguiente: Tú abres la puerta de la felicidad, y me lo digo siempre.

Disfrutar con pasión todos los momentos y acciones, es saber vivir. No quiere decir que las cosas siempre resultarán bien, pero ser auténtico con los sentimientos es ser congruente con la vida.

El miedo a vivir se expresa cuando una persona se siente identificada en complacer a otros más que a sí mismo. Generalmente, el amor a uno mismo antes que a los demás se malinterpreta como egoísmo o individualismo, pero es justamente lo contrario: cuando amamos la vida y no le tememos nos volvemos incluyentes, porque sabemos que todos merecemos vivir en amor, felicidad, abundancia, paz y alegría. Abandonamos el juicio. De lo contrario, la persona vivirá en la carencia y se sentirá insatisfecha.

Yo pasé por esta etapa en mi vida. Exactamente un 12 de diciembre, cuando intenté suicidarme. Creía que de esa forma terminaría con el sufrimiento que experimentaba en ese momento, cuando en realidad temía afrontar mi propia vida ya que implicaba hacerme responsable de mí misma. Al vivir insatisfechos nace el miedo a vivir, el cual no es otra cosa que el miedo a la carencia. Y su origen es el desconocimiento del Ser, de quienes somos en verdad. Cuando se tiene miedo de vivir, también se teme merecer, lo cual está estrechamente vinculado con el sentido de autoestima.

Durante mis conferencias o en mis sesiones particulares, diversas personas me preguntan cómo pueden distinguirlo: "Gabi, ¿cómo podemos darnos cuenta si tenemos miedo a la vida?" Mi recomendación es que recuerdes las ocasiones en que has dicho, o simplemente imaginado, que algo malo pasará, que no hay suficiente dinero, salud, alegría o éxito, que la suerte existe pero no está de tu lado, que no naciste para amar, que naciste "estrellado" y otros con estrella, etcétera. Te sientes con indecisión, inseguridad, carencias, incapacidad, limitación. Además, te empecinas en una búsqueda frenética por agradar y poseer; te propones metas y, cuando estás a punto de lograrlas, algo sucede y se quedan inconclusas. Incluso puedes llegar a ellas pero de súbito te sientes vacío y piensas: "¿Qué más sigue, qué más hay para mí?" Porque aquel triunfo no es suficiente, te parece entonces que la vida no tiene sentido y que es aburrida. Así comienzas a buscar cada vez más, lo cual muchas veces deriva en las adicciones.

Pienso que eso es justamente tener miedo a la vida. No te diré que es fácil no temer, por supuesto que no. Pero es preciso desear vivir la vida y gozar, al igual que lo hacen los niños cuando son felices. Y, evidentemente, para ayudarte a ti mismo es necesario que te rodees de personas que deseen compartir tus mismos deseos, encontrarte con libros excelentes que aporten algo positivo a tu vida y que sumen, en lugar de libros y personas que resten algo en ti y te dividan.

A los 10 años de edad comenzó mi trastorno de bulimia, el cual duró 20 años. Me sentía muy mal conmigo: el concepto que tenía de mí era de devaluación, lo compensaba gratificándome con la comida. Sin embargo, al comer tanto subía de peso y eso me hacía sentir mucho peor ya que los valores fomentados en mi núcleo familiar no aceptaban a alguien con sobrepeso ni por error. Por ello me provocaba el vómito cada vez que me alimentaba. Así se dio un círculo vicioso terrible, sin principio ni fin aparentes.

Cuando estaba delgada la gente me decía: "¡Qué hermoso cuerpo tienes!", y me sentía feliz por captar la atención de los demás. Pero, dado que mi situación emocional estaba tan dañada y no me daba cuenta de ello, me hice adicta al sistema de atraer la atención por medio de la pérdida de peso. Como seguía comiendo para cubrir mis carencias afectivas, entonces vomitaba una y otra vez.

La vida se volvió un obstáculo: por mucho que pareciera que mi existencia era buena y divertida cada vez que alguien se interesaba en mí, en realidad no lo sentía así. Al final del día experimentaba una gran insatisfacción y soledad.

Cuando pude reconocer, aceptar y afrontar todo el dolor que llevaba tiempo guardado dentro de mí, logré transformarme y curarme de la bulimia.

Considero que los obstáculos para amar la vida y que nos encierran en el miedo son:

- Desconocimiento de la verdadera esencia.
- Autoestima deteriorada.
- Falta de alegría.
- Miedo a confrontarse a uno mismo.
- Juicio.
- Pensamientos de carencia.
- Falta de autoconocimiento.
- Creer que no se puede.
- Miedo al rechazo.

Podría hacer una lista con cientos de obstáculos. Sin embargo, cada uno de nosotros tenemos una combinación de ellos y tenemos que descubrir cuáles son, para sanar.

Estos obstáculos están íntimamente relacionados con el diálogo interno, cuando es completamente negativo y está sustentado en la carencia. Y, como afirma mi amigo y maestro Don Miguel Ruiz, "el diálogo interno proviene de la domesticación".

Cuando optamos por vivir en la creencia de que si poseemos cosas, o actuamos y hacemos todo para ser aceptados, le damos toda la importancia a tener para valer. Es así como nos damos el valor a nosotros mismos, y es justamente esa valía equivocada lo que transmitimos a los demás. De esta manera, el miedo a la vida se hace más palpable y amenazador y, si no resulta lo que deseamos, obtenemos todo lo contrario relacionado con disfrutar de la vida: mayor temor a vivirla. Aunque de cierta manera "sobrevivimos", estamos muertos en vida.

Yo soy amor

Comparto contigo lo que significa para mí el amor, desde mi punto de vista, nutrido por las intensas y maravillosas experiencias que he tenido hasta ahora.

Amor es lo que somos, y se encuentra dentro de nosotros. Siempre ha estado ahí porque es nuestra esencia y nos corresponde a todos, sin excepción.

Yo soy amor

Sin embargo, por milenios nos han vendido la idea de que el amor es algo externo a la persona, y que alguien o algo lo proveerá. Hemos vivido creyendo que amamos, pero no es así. Me atrevo a afirmar lo anterior porque en mi consulta privada he podido observar que éste es el común denominador en la vida de las personas. Y por supuesto, asumo que en la mía también lo era.

Quizá te identifiques conmigo en el sentido de que pones atención en que alguien más te ame. Entonces, si tienes algo o a alguien te sientes seguro y puedes decir: "¡Ahora sí soy feliz y soy amado!" Pero cuando esa persona ya no está o decide irse de tu lado, o cuando pierdes una cosa o situación que te daba la sensación de plenitud, te sientes sumamente mal. Quisieras morirte y piensas que sin esa persona o esa posesión no podrás ser feliz y ya no puedes vivir. Incluso puedes desear tu muerte.

¿Acaso eso es amor y felicidad? Considero que por ningún motivo eso es amor, ¡sino miedo! Simplemente detente un segundo y observa dónde tienes puesta tu mirada en el terreno del amor y la felicidad. Si tienes una pareja, sexo, casa, auto, flores, juventud, cuerpo escultural, ejercicio, viajes, fiestas, dinero, joyas, regalos, empresas, trabajo, hijos, salud, y piensas que eso es amor, entonces te llegas a sentir pleno y afirmas que tienes amor y felicidad.

Por supuesto que todo lo que mencioné puede existir, y seguramente hay en ello amor y felicidad. Sin embargo, asegurar que aquello es lo que nos da la felicidad y el amor, y que si no lo tenemos no seremos felices, es una propuesta que el ego propone. Recuerda que el ego busca que nos aferremos a lo que está fuera de nosotros y nos invita a ver las cosas desde esta óptica. Siguiendo la trampa del ego, lo que sucederá es que al carecer del amor de cierta persona o de las posesiones, lo único que obtendremos será una sensación de soledad y vacío. Así, para llegar a esta supuesta felicidad, lo que hacemos es comprar el amor y la felicidad, y a su vez venderlos: si me das, te doy; si te doy, me das. ¿Crees que eso es amor y felicidad?

Podemos compartir nuestro amor y felicidad, pero pensar que alguien o algo externo nos lo dará, marca una enorme diferencia.

Una persona que sabe quién es, que es amor, que sabe que son un Ser, siempre tiene las respuestas y las soluciones, confía en su espíritu alimentado por El Ser Superior, sin importar cuál sea el problema. Alguien así jamás antepone su felicidad ni se siente carente porque no cuenta con alguien o algo que cause su felicidad: es feliz sin tener una razón. Una persona consciente de su ser, convierte las experiencias de la vida en oportunidades de éxito y aumenta su capacidad de expansión. Sale adelante, afronta las situaciones y supera el miedo: tiene la certeza de que todo lo ha creado desde su interior.

Me atrevo a hablar de esta manera porque lo viví en carne propia cuando decidí dar el paso de hacerme cien por ciento responsable de mí misma. Sucedió en la época en que me diagnosticaron cáncer. Al terminar la quimioterapia supe que mis amigas, mi ex cuñado, uno de mis hermanos y muchas personas que ni siquiera conozco habían pagado mi tratamiento. Estas personas fueron generosas y desprendidas con su dinero para que yo recibiera la atención médica. Más tarde decidí divorciarme ya que no podía seguir engañándome sobre el estado de mi relación de pareja: no había comunicación profunda, proyecto de vida ni vida sexual compartida. Y tras esas experiencias contrastantes, ahora comprendo que lo que tenía en mi matrimonio no era amor, sino co-dependencia.

Tienes que amarte

Ahora me compro flores a mí misma, y si no las tengo también me siento bien. Soy económicamente independiente y centro mi atención con más energía en ver por Gabi. No niego que llegué a vivir situaciones de carencia; algunas veces ni siquiera tenía dinero para comer, ni para darle de comer a mis hijas. Ésa fue una etapa muy difícil ya que los lastres de las convenciones sociales en mi ciudad provocaban que la gente me señalara por ser una mujer divorciada. Aun así, gracias a que ya había iniciado mi trabajo espiritual respecto a esos acuerdos sociales y religiosos, puede enfrentar la situación de la mejor manera para mí. Entonces decidí dar ese paso. Había encontrado el sentido a mi vida y había dejado de poner mi energía y atención en lo externo.

Por supuesto, no fue de la noche a la mañana, se trató de un proceso a ratos difícil pero poco a poco se volvio maravilloso y lo sigo manteniendo día con día. Hoy sé que la vida es un juego, y para jugarlo y disfrutar de él necesito tener puesta mi atención en qué quiero, cómo lo quiero, dónde y con quién.

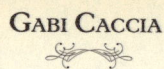

Ejercicio

Te invito a realizar un colage, escoge imágenes que te den claridad de lo que quieres, cómo lo quieres, cuándo lo quieres y con quién lo quieres. Hay que ser específicos, deja que tu espíritu vuele y sueñe con todo lo que quiera, recuerda que eres un SER abundante pero de ti depende que tú quieras vivir de esta manera, para que tu mente guarde esas imágenes, e inicie un proceso de transformación, la mente guarda la información por medio de imágenes, obviamente hay que ACTUAR para lograr los objetivos, pero este es el primer paso para un cambio.

Todo este sistema de pensamiento resulta absurdo, incluso ridículo para el ego. La función del ego es estar entrampado constantemente en situaciones en apariencia irresolubles, y cuya solución proviene de una fuente externa. En la vida abundan los problemas, los conflictos y los dramas y parece que vivimos con un yugo permanente. La gente vive atrapada en la dualidad, en juzgar todo y a todos de correcto o incorrecto, bueno o malo, tener o no tener. Lo único que se gana con el ego es alejarse de las soluciones verdaderas, de las oportunidades que ofrece la vida y que todos los días se presentan como un regalo.

Lo que el ego no sabe es que cuando recordamos quiénes somos, éste se desvanece. Por ello, considero que hacernos aliados de nuestro ego es la herramienta más poderosa porque al ego se le vence con amor.

Si dudas de lo anterior, obviamente dirás que no aplica en ti porque estás bien y eres feliz. Sin embargo, me atrevo decirte que no importa tu grado de felicidad porque, como he escuchado muchas veces, no hay felicidad completa, y es muy fácil juzgar tu nivel de felicidad según la circunstancia en que te encuentres.

Intuyo y creo que nuestra única misión en la Tierra es experimentar la felicidad, ya que es el estado de gracia del Ser. Evidentemente, esta afirmación resulta nueva y descabellada para el ego, ya que su propuesta es que la felicidad depende de lo externo. Aunque, en realidad, lo que es adentro es afuera, y lo que es afuera es adentro. No hay opción. Si vives internamente feliz, lo que vivas fuera de ti, a tu alrededor, será igualmente feliz.

Probablemente, resulte al principio absurdo y doloroso dejar de culpar a lo externo por lo que nos sucede o deja de suceder, ya que existe una marcada tendencia a ver y vivir la vida así. Al inicio es difícil darse cuenta de que es exactamente lo mismo, pues no hay diferencia entre lo que se encuentra dentro y lo que está afuera.

Lo que es adentro es afuera, lo que es afuera es adentro, lo que es arriba es abajo.

Tabla Esmeralda Circa del Libro del Secreto

Este punto es sumamente importante, y por ello ampliaré y desarrollaré el concepto para que lo comprendas como yo lo he hecho, a lo largo de mi camino para profundizar en la "proyección psicológica".

Lo defino así: somos un espejo y todo lo que podemos reconocer fuera está adentro de nosotros mismos. Somos espejos e imágenes de nosotros mismos, proyectados en todo lo que vemos. Cuando podemos reconocer amor en otros, es nuestro amor proyectado hacia afuera. Lo mismo sucede cuando reconocemos odio en los demás: es nuestro odio proyectado hacia afuera.

Podrás preguntarte si existe algo en otros que no reconozcas en ti mismo: la respuesta es sí. Puede suceder que veas algo terrible en otros y que tu miedo sea tan grande que no te permita reconocerlo en ti mismo. Por ejemplo: puedes ver belleza en algo o alguien, y sin embargo no la reconoces en ti porque tu concepto de belleza te da un parámetro específico; si no te consideras bello de acuerdo a ese parámetro, difícilmente podrás reconocerte como una persona hermosa.

Otro ejemplo es que puedes ver agresión afuera de ti y tú afirmas que no eres agresivo. Puedes ocultar tu propia agresividad nombrándola con otro término de tu sistema de pensamiento. También es posible que seas capaz de reconocer la agresión fuera de ti, y si ya has trabajado con esa emoción, la identifiques y no te cause malestar alguno. Esto es porque no la juzgas y sencillamente la aceptas como una parte humana de ti.

El reconocimiento de Dios en ti funciona igual: si no puedes ver o sentir a Dios, pero eres capaz de verlo en otros, evidentemente lo tienes en tu interior. Pero el ego nubla de tal manera que te hace creer que es así. Es el mismo caso cuando no ves a Dios en los demás y solamente lo ves en ti y te crees especial. El ego te hace sentir que los demás no están bien y tú sí.

Aunque en un inicio esta noción parece algo muy enredado, si logras sentirlo sin juzgarlo te darás cuenta de lo sencillo que realmente es. Son sólo palabras y símbolos para expresar la proyección. Recuerdo claramente que cuando era niña, decíamos jugando: "Soy espejo y me reflejo", y "botellita de jerez, todo lo que me digas será al revés". Como puedes ver, son palabras que encierran un gran trasfondo.

Para mí la vida es, y siempre será el resultado de nuestro propio nivel de conciencia interior. Cuando el reflejo de todo y todos esté en nosotros mismos, y con claridad podamos decir que todos somos uno, entonces el miedo a la vida se habrá desvanecido.

¡TODOS SOMOS UNO!

Donde pongo mi atención, ahí está mi realidad

Cuando el sentido de nuestra vida está en función del ego, es extremadamente complicado abrazarlo sin miedo a perderlo.

El primer paso para ver la salida es reconocer que tenemos miedo. Y debes saber que lo que se resiste, persiste; por eso cuando deseamos evitar algo y huímos de ello, justamente de lo que deseamos alejarnos es lo que más se presenta en nuestra vida, así como también lo más prohibido es lo más deseado. Se da un círculo vicioso en el que cuando más atraemos algo, más lo rechazamos; así se genera el sufrimiento. Para que sea más claro, a continuación te enlisto algunos ejemplos:

1
RESISTENCIA:
No es posible que siempre pierda las llaves.
ACEPTO QUE:
Me choca que algunas veces pierdo las llaves del auto.
MODIFICO A:
Siempre tengo las llaves del auto cuando las necesito.

2
RESISTENCIA:
No puedo aceptar que me equivoqué.
ACEPTO QUE:
Tengo miedo de decir que me equivoque.
MODIFICO A:
Soy responsable de mis actos y asumo las consecuencias.

3
RESISTENCIA:
No quiero aceptar que me resulta difícil vivir, no puedo con esta vida.
ACEPTO QUE:
Me siento mal por vivir diversas situaciones.

MODIFICO A:
Estoy aprendiendo a vivir la vida de una mejor manera.

Lo opuesto a resistir es aceptar. Cuando aceptamos, podemos abrir un abanico de posibilidades de lo que sí queremos en nosotros. Y me he dado cuenta de que esto se puede contrarrestar con resultados maravillosos al pensar y hablar en primera persona, en presente, resaltando lo positivo y en acción. Lo cual significa:

EN PRIMERA PERSONA: Soy responsable de mí mismo y hablo por mí. No puedo hacerme responsable de nadie más.

EN PRESENTE: Es simple. Si te pido que pienses en un elefante rosa, tu realidad estará en el elefante rosa. De igual manera, si te pido que pienses en un limón y lo exprimas en tu boca, si lo has imaginado bien, seguro hasta sentirás la sensación del ácido que el limón produce.

DONDE PONGO MI ATENCIÓN, AHÍ ESTÁ MI REALIDAD

¿Qué ves aquí?

¿DONDE PONGO MI ATENCION ESTA MI REALIDAD?

RESALTANDO LO POSITIVO: Lleva la atención a lo que sí quieres lograr; es decir, enfócala en lo que deseas y dalo por realizado o culminado, en lugar de lo que no quieres. Por ejemplo, si la condición que vives es de enfermedad y deseas tener salud, la propuesta es: "Estoy sano." Es muy importante comprender que la respuesta del ego será que es una mentira pero recuerda: tú abres la puerta de la felicidad.

EN ACCIÓN: Significa que le das vida a tus pensamientos positivos y no sólo quedan en palabras hermosas. Por supuesto, primero imaginas y luego haces algo. ¡Te mueves! Te invito a que lo veas de esta manera: "Estoy sano", o bien: "Me siento con energía." Para muchos, ésta fue la más grande locura de Gabi Caccia: atreverme a afirmar que gozaba de cabal salud, cuando el diagnóstico era de cáncer.

Te invito a realizar un ejercicio con las afirmaciones que quieras materializar en tu vida, dalo por hecho, recuerda PRIMERA PERSONA, PRESENTE, POSITIVO Y ACCIÓN. Aquí verás algunos ejemplos, recuerda que tú tienes todo para hacer y lograr tus metas y tus sueños.

"Yo estoy saludable y vivo feliz."
"Yo soy alegre y sonrio a la vida."
"Tengo todo lo que quiero y comparto con facilidad."
"Mi vida es amorosa y mis relaciones también."
"Hago todo lo que me propongo y me siento libre y feliz."

Cuando pasé dificultades económicas y no había nada en el refrigerador, mis hijas me preguntaban: "¿Qué vamos a comer hoy, mamá?" Y yo les respondía: "Hoy comeremos una deliciosa y sana comida." Por supuesto que esa afirmación se manifestaba gracias a las personas que me tendieron la mano, mis grandes amigas que muchas veces llegaron a casa con una canasta de frutas y verduras.

Cuando mi cabello se caía producto de la quimioterapia, yo afirmaba: "Me siento hermosa y radiante."

Cuando me aplicaban la quimioterapia afirmaba: "Este medicamento que entra a mi cuerpo es luz y amor."

Como puedes ver, aunque para muchos esto sea una locura, a mí me sanó y hoy puedo transmitirlo. ¡Pruébalo y verás lo maravilloso y poderoso que es!

Cuando potencializamos los pensamientos al enfocarlos en las virtudes en lugar de concentrarlos en las carencias, estamos apostando el cien por ciento por el ser. Esto es simple porque el Ser es el *yo soy*.

Veamos los siguientes ejemplos, los cuales son los mismos que sugiero a mis clientes como forma de vida:

Yo soy y siempre he sido (toma en cuenta que le estamos hablando al Ser, a la persona y a las acciones, ya que de lo contrario te parecerá absurdo, incluso ridículo).
Yo soy y siempre he sido amoroso.
Yo soy y siempre he sido feliz.
Yo soy y siempre he sido responsable.
Yo soy y siempre he sido alegre.
Yo soy y siempre he sido millonario.
Yo soy y siempre he sido sano.
Yo soy y siempre he sido inteligente.
Yo soy y siempre he sido honesto.
Yo soy y siempre he sido sensible.
Yo soy y siempre he sido amable.
Yo soy y siempre he sido paciente.
Yo soy y siempre he sido sabio.
Yo soy y siempre he sido fuerte.
Yo soy y siempre he sido sensual.
Yo soy y siempre he sido creativo.
Yo soy y siempre he sido sincero.
Yo soy y siempre he sido agradecido.
Yo soy y siempre he sido bueno.

Yo soy y siempre he sido espiritual.

Yo soy y siempre he sido congruente.

Yo soy y siempre he sido dichoso.

Yo soy y siempre he sido exitoso.

Yo soy y siempre he sido ordenado.

Yo soy y siempre he sido limpio.

Yo soy y siempre he sido yo.

Yo soy y siempre he sido luz.

Yo soy y siempre he sido paz.

Puedes expandir esta lista de afirmaciones positivas tanto como quieras. Es simple; se trata de poner el foco de tu atención en lo que sí quieres. Y, sobre todo, es necesario evitar la palabra "no". Recuerda:

DONDE PONGO MI ATENCIÓN, AHÍ ESTÁ MI REALIDAD.

Tener la capacidad de reconocer que sentimos miedo nos brinda un avance radical en el análisis de la conciencia. Cuando sentimos que estamos perdiendo algo y, más aún, cuando sentimos que estamos perdiendo la vida, experimentamos una sensación de que nos falta algo esencial. Es una especie de persecución interior, una lucha desgarradora que únicamente nos demuestra que estamos dominados por el ego. En el momento en que esto suceda, es importante cambiar nuestra atención para así, efectivamente, cambiar la realidad.

El ego atañe a la parte física y vivimos en un mundo físico: los cinco sentidos se encargan de reafirmarlo todo el tiempo y de manera contundente. Y quizá este concepto te resulte absurdo ya que, como te has identificado con tus acciones, te es imposible reconocer las cualidades de tu ser; incluso puedes llegar a ver las afirmaciones positivas como una burla. Te comprendo, yo misma me repetía lo opuesto muchas veces al día, y sin darme cuenta:

Soy mala.

Soy enferma.

Soy infeliz.

Soy soberbia.

Soy egoísta.

Soy cruel.

Soy destructora.

Soy ignorante.

Soy burra.

Soy cobarde.

Soy pobre.

Soy intolerante.

Soy sucia.

Soy floja.

Soy desordenada.

Soy tonta.

Soy terca.

Todas estas afirmaciones y muchas más me fueron dichas en algún momento, y me las creí y las tomé como propias. Sin embargo, eran solamente el punto de vista de alguien más, y a lo largo de varios años repitiéndolas llegué a creer que eso era yo. Por consiguiente, así era mi comportamiento y también mi realidad. Pero llegados a este punto, la pregunta crucial es: ¿quiero seguir así?

El cambio de percepción de ti mismo ofrece una transformación en tu percepción del mundo. Esto se logra de una manera gradual, aunque muchas veces no lo es tanto. Las experiencias importantes en la vida llegan de pronto y nos despiertan con una gran sacudida. Para mí fue el cáncer, para otros quizá sea la pérdida de un ser querido o del empleo; siempre se trata de una situación que te hace internarte en las profundidades de tu ser para reconocer que éste siempre se mantiene bien; es decir, jamás le ha pasado ni le pasa nada. Con esto me refiero a que nunca nos pasa nada como Seres, pero el ego insiste en que nos identifiquemos con el cuerpo y nos vuelve a entrampar.

Cuando conoces la función del ego, te puedes aliar con él; si no tienes claro su objetivo, la tendencia suele ser rechazarlo y verlo como un enemigo a vencer. El ego es una creación de nuestra mente, jamás proviene de nosotros como Seres. Puedo entender que este concepto te resulte bastante alejado de tu realidad, y seguramente el ego te va a proponer constantemente que lo que estás leyendo sea una locura o algo completamente irreal.

El ego también está relacionado con la enfermedad. Cuando enfermamos somatizamos las emociones y la manera más clara de expresarlas es en el cuerpo físico. Cuando logramos cambiar la fuente, es decir, dónde inició, que son los pensamientos, lo que se genera es la posibilidad de cambiar la vida. Un ejemplo personal es cuando me detectaron cáncer y decidí enfrentarlo desde el amor y la salud, en lugar de verlo desde el miedo y la enfermedad: Si cambio mis pensamientos, cambio mi realidad

En mi trabajo interior, así como en mis consultas privadas, he visto mis avances y los de mis clientes al trabajar en este concepto. Evidentemente, sí existe una resistencia del ego a creer que lo externo está dentro de uno. Pero los resultados de esta transformación de pensamiento son notables cuando el miedo desaparece.

Cuando se logran dominar los pensamientos y el miedo, la vida resulta divertida y uno sabe que las situaciones siempre se presentan para un aprendizaje y una expansión de la conciencia. Nunca hay que darse por vencido y hay que entender cabalmente que quien no está dispuesto a equivocarse, jamás va a crecer.

Afortunadamente, siempre podemos elegir ya que contamos con el gran regalo del libre albedrío. Optamos por la vida, aquello que Somos; o por la muerte, que no es real. En otras palabras, ¿deseas vivir vivo o vivir muerto? Recuerda que cuando

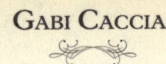
hablo así me refiero a que somos espíritus viviendo una experiencia humana.

El uso que el ego le da a la culpabilidad

El ego es una creación de la mente y su propósito es infundir miedo. Su lógica es tan implacable como la de una mente sana, ya que nuestra mente tiene los medios para ponerse a disposición, ya sea de tener la razón o de ser feliz, del miedo o del amor. Ambos se encuentran en nosotros: a uno se le atribuye el cielo y al otro el infierno. Don Miguel Ruiz me ha transmitido de una manera luminosa cómo opera esto. El cielo y el infierno son un estado de conciencia, y ambos son decisiones que se encuentran dentro de nosotros. En el cielo jamás hay culpabilidad; en el infierno sí. Quiero decir que ambos son el resultado de un estado de conciencia y no son físicos, sino que existen en la mente.

La culpabilidad es el resultado de juzgar las emociones con el pensamiento. A la mayoría de las personas nos han inculcado que no es bueno equivocarnos, que jamás debemos cometer errores; nos han educado para ser buenos estudiantes y sacar los mejores promedios, tener un empleo seguro y sin riesgos, formar una familia unida, nunca mentir, así como no sentir envidia, celos, coraje, inclusive placer. Es decir, nos han educado en un sistema de pensamiento para una vida que no es real. Y la vida diaria nos enfrenta a que nos equivocamos, cometemos múltiples errores, mentimos para protegernos, las familias se desintegran, los hermanos se pelean y sentimos todo tipo de emociones: son experiencias que se contraponen a lo que hemos aprendido. Es así como se genera en nosotros un fuerte miedo y un juicio implacable hacia nosotros mismos por no haber cumplido los estereotipos y expectativas de alguien más. En consecuencia, esto nos conduce al castigo.

¿Cuántas veces te has sentido culpable por algo que dijiste, pensaste o hiciste? En automático entablas un diálogo interno dirigido por juicio, el cual termina en "merezco esto o aquello". De la misma manera funciona con los demás, con aquellos que no piensan, actúan y sienten como tú: los juzgas por no hacerlo, sientes que no cumplen tus expectativas y los castigas.

Todo lo anterior sucede porque nos han enseñado a juzgar todo y a todos. Como he insistido a lo largo del libro, de una u otra manera los seres humano deseamos tener la razón, defendiendo el punto de vista propio, formado por creencias, ideas, formas de pensar, maneras de actuar, etcétera. Así, se genera una división, una fractura en lo que vivimos y en lo que realmente somos. Veamos la siguiente tabla.

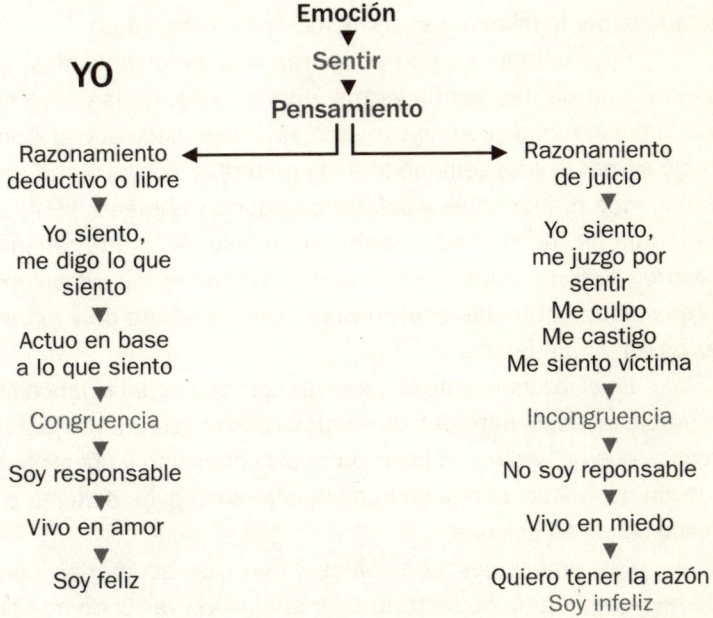

Explico la tabla de la siguiente manera:

Yo siento una emoción. En ese momento el pensamiento se interpone automáticamente y razona de dos maneras: una de ellas es por medio del razonamiento deductivo, que es "yo siento". En este tipo de razonamiento existe una congruencia ya que el sentir y la emoción están de acuerdo y sin juicio alguno, sin conflicto. Se puede decir que en este caso se siente y se hace aquello que en ese momento se siente. En esta situación no hay ningún problema, ya que se es congruente con uno mismo, de manera integral.

Sin embargo, este tipo de razonamiento no opera en la mayoría de nosotros debido a que el pensamiento se vuelve reactivo; es entonces cuando el individuo juzga de bueno o malo lo que está sintiendo, luego se enfrenta con la culpa por haber experimentado dicho sentimiento, lo cual conduce al castigo. El castigo es una autoflagelación y provoca que la persona se sienta mal; así surge la figura de la víctima, cuya premisa es: "Pobre de mí", y dictamina por sí misma que se merece esto o aquello.

El resultado es que en el razonamiento deductivo, soy responsable de mis sentimientos y emociones, no las tapo con juicios por lo menos conmigo mismo, no quiere decir que si siento coraje iré por la vida golpeando a los demas, al contrario, se trata de hacerme responsable y aclarar de dónde viene este sentir, ya que como he mencionado, somos un reflejo de lo que tenemos adentro. Aqui no temo a enfrentarme con todas mis emociones porque no las juzgo, las analizo y las aclaro, se trata de vivir cada vez mejor y más felices.

En el razonamiento de jucio siempre se juzgará la emoción y se evitará la responsabilidad de sentir, ya que el miedo a ser juzgado provoca que se actúe con base en el encubrimiento y querer tener la razón por miedo, el resultado es la infelicidad pues se teme a la verdad de las emociones.

Las emociones son reales y hay que aceptarlas como son, aunque, repito, no se trata de ir por la vida vaciando mis problemas y mis emociones a la gente, se trata de ser responsable de mí sin juicio.

Recuerda que el ego es parte de la mente, pero no eres tú, no es el Ser. Si nos identificamos con el ego, solamente podremos percibirnos a nosotros mismos como culpables. Siempre que escuchemos al ego experimentaremos culpabilidad y temeremos ser castigados. El ego es, literalmente, un pensamiento atemorizante. Representa un sistema de conceptos ilusorios acerca de nosotros y de los demás, el cual es determinado por el Gran Juez.

Ahora bien, todo lo que aceptamos en nuestra mente se vuelve real para nosotros. Es justo nuestra aceptación lo que le confiere realidad. Cuando permitimos la entrada al ego en nuestra mente lo alimentamos con miedo, duda, carencia, y estos pensamientos nos envuelven de tal manera que terminamos por creer que eso somos. La mente es sumamente poderosa y tiene la capacidad de crear realidades; pero finalmente, estas realidades son sólo ilusiones que cobran forma al creer en eso. Es por ello que aprender a pensar con una mente sana, es aprender a pensar como lo hace Dios: es decir, crear realidades de abundancia, amor, salud, paz, armonía y, sobre todo, sin juicio alguno.

Para lograrlo es necesario aceptar lo que sentimos sin juzgarlo, pero además llevar a cabo la sanación de las heridas producidas en algún momento de nuestra vida.

La mente que está libre de culpa jamás sufre. Cuando la mente está sana no enferma al cuerpo; y, en el caso de que el cuerpo esté enfermo, se recupera cuando la mente se cura. Las enfermedades son inconcebibles para la mente sana ya que ésta, por naturaleza, no ataca o juzga a nada ni a nadie. La enfermedad es una forma que utiliza el ego para alimentar a la víctima (sentirte culpable y desear ser compadecido por los demás).

El ego cree que castigándose a sí mismo mitigará el castigo de Dios. Muchas personas pasan por la vida creyendo profundamente que lo que les sucede es porque merecen el castigo de Dios. Y el ego propone que antes de que Dios te castigue, es mejor hacerlo tú mismo. El ego cree en el castigo, aunque esto es absurdo porque Dios, que es amoroso y misericordioso, jamás castiga. Sin embargo, el ego busca usurpar a Dios en todas sus funciones.

Alivia la mente del insensato peso de la culpa y la sanación se logrará.

Un curso de Milagros (UCDM) P-2.IV.11:2

Cuando me di la oportunidad de entablar un profundo trabajo personal para entender por qué había enfermado de cáncer, no tuve otra opción más que aceptar que vivía en una constante guerra interna proyectada fuera de mí, atacando y lastimando a los demás y a mí misma. Me odiaba tanto como odiaba a muchas personas y situaciones que vivía. Constantemente me castigaba a mí misma, hiriéndome con crueldad por sentir o pensar ciertas cosas. Pero llegó un momento en que dejé de juzgar las emociones y las acepte tal y como eran, profundizado en su origen. Éste es un proceso de clarificación de la mente y sólo es posible lograrlo cuando la persona desea profundizar completamente y hasta lo más hondo de su ser; de lo contrario, lo que verá es sólo la punta de un gran iceberg.

Es importante que te preguntes con verdadera sinceridad "¿Qué quiero?" Cada decisión que tomas tiene consecuencias, te des o no cuenta de ello, seas o no responsable. Dichas consecuencias seguirán repitiéndose una y otra vez hasta que tú mismo decidas qué quieres para ti. Cada vez que repetimos estamos practicando: y nos hacemos expertos en lo que repetimos.

Cuando me di cuenta y tomé responsabilidad de mis acciones, me percaté de todas las veces que había repetido lo que no quería, ya era una maestra en lo que no deseaba. Me enojaba tantas veces al día que era maestra del enojo, lo cual no significaba que eso fuera yo. Volver a aprender toma su tiempo, pero para reestructurar nuestros pensamientos es preciso practicar La maestría de la repetición. Pero ¿Qué significa? La maestría de la repetición es todo aquello que hemos repetido hasta que lo hacemos en automatico, sin darnos cuenta de los efectos que tiene en nosotros. Nos llegamos a hacer maestros del enojo, del miedo, de las mentiras y de tantas cosas, hasta que queremos hacer un cambio de percepción de nosotros mismos, en Un Curso de Milagros se le llama "expiación". Significa deshacer lo que has creído que eres al identificarte con el ego. Cualquier decisión de la mente afecta al comportamiento y a la experiencia. Esperas que ocurra lo que tú deseas, ¿no es así? Ciertamente, nuestra mente forja nuestro presente, el pasado y el futuro. Los construimos con el pensamiento, recuerdas que en el diagrama vimos cómo es que brincamos del pasado al presente sin aclarar nada, y luego al futuro, y no es hasta que decidimos ver las cosas de otra manera que tenemos un cambio.

Al tomar conciencia sobre nuestra capacidad de crear realidades con el pensamiento, podemos tomar responsabilidad de nosotros mismos. A lo largo de miles de años los seres humanos hemos creado nuestra realidad sin esta conciencia. Prueba de ello es el aumento de la tristeza, la soledad, el individualismo y el surgimiento de situaciones conflictivas en nuestra vida que nos alejan de nosotros mismos y de los demás, de aquellos que incluso aseguramos amar.

Considero de suma importancia abordar este punto, ya que comúnmente ponemos todas nuestras expectativas en los demás, en lo que provenga del exterior; es decir, las personas y las cosas. Dado que lo que está afuera no depende de nosotros, lo que obtenemos es sentirnos traicionados: creemos que alguien o algo tiene la obligación de proveernos con lo que necesitamos. Sin embargo, nada ni nadie podrá darnos la felicidad. La felicidad es algo interno, se gesta en nosotros y es el resultado de nuestro propio amor. Solamente al hacer conciencia de ello e iluminar nuestro interior, es cuando nos responsabilizamos de nuestra vida, compartimos nuestra dicha con los demás y decidimos gozar los regalos de la vida. Al descubrir que la fuente de la felicidad somos nosotros mismos, decidimos darnos amor y trabajar interiormente.

El ego, o mente separada, buscará la manera de seducirte a toda costa, y probablemente en este momento te esté diciendo que lo que estás leyendo es una locura, que dejes este libro. Quizá de pronto sientas sueño: el ego está buscando la manera de que te alejes y no encuentres la felicidad que te pertenece. Seguramente te dirá que esto no es para ti, que en una persona o en tu trabajo encontrarás la felicidad. En fin, el ego se empecinará en lograr que nunca encuentres la felicidad dentro de ti.

Me atrevo a afirmarlo ya que por mucho tiempo yo misma dirigía mis pensamientos a partir de la propuesta del ego. Prueba de ello es que enfermé de cáncer y mi vida era un caos. Pero piensa que si yo pude transformarme, ¡tú también puedes hacerlo! Si miles de personas han sido capaces de cambiar su sistema de pensamiento que los aprisiona, al pensamiento real que proviene de la integridad de su espíritu, tú también eres capaz de hacerlo.

Recuerda: la ilusión del ego es: ¡busca pero no encuentres!
Cuando una mente contiene solamente luz,
conoce solamente la luz.
Su propia luminiscencia
alumbra todo a su alrededor,
y se extiende hasta
la penumbra de otras mentes,
y las transforma en majestad.

UCDM T-7.XI.5:1-2

Es evidente que nadie desea no encontrar la felicidad, pero ésa es justamente la intención final del ego ya que es incapaz de amar. Se sentiría completamente perdido en la presencia del amor y de ninguna manera podría responder a lo que el amor ofrece. Por ello, la herramienta más poderosa para combatirlo es amarlo. Y es la misma para enfrentar la enfermedad o cualquier situación difícil: amar. ¿Recuerdas lo que compartí contigo cuando hablé del amor al cáncer? "Gabi ama al cáncer y éste se va."

Por lo tanto, el ego sólo puede conducirnos a una jornada inútil, extenuante y depresiva. Volverá una y otra vez para insistir en que es necesario pelear contra el cáncer o cualquier situación o persona que no sea del todo grata. Sin embargo, es precisamente eso lo que vamos haciendo por la vida, pelear, inconformarnos, y los resultados que obtenemos no nos llevan a la sanación y a la felicidad. Otra vez: ¿qué quieres: sanar o tener la razón?

La voluntad del Ser y la voluntad del ego

Algunas veces puede resultar difícil saber qué es la Voluntad de nuestro Ser. Muchos podrían pensar que ésta significa sacrificarse y no disfrutar de todo lo que nos da placer. Generalmente creemos que implica dejar de gozar y vivir de manera más austera, incluso monástica o célibe. Definitivamente, ése no es el objetivo. La Voluntad del Ser ha sido totalmente malentendida a lo largo de la historia.

Se puede decir que esta Voluntad es comparable a escuchar lo que Dios quiere de nosotros, sus hijos. Significa comprender cabalmente que Dios, en primera, nos ama y desea que nosotros creamos en Él. Un padre amoroso siempre quiere lo mejor para sus hijos; así, Dios nos pide que seamos responsables de nuestras acciones y nos hace saber que éstas tienen consecuencias naturales. Cuando no somos amorosos con nosotros mismos tampoco lo somos con los demás, y por lo tanto sufriremos las consecuencias. Ser amorosos con nosotros implica respetarnos, ser leales y justos, escuchar a nuestro Ser interior y a nuestra intuición.

La Voluntad de Dios simplemente significa mirar dentro de nosotros, buscar la forma de tener más amor hacia nosotros y hacia los demás, con un profundo respeto a todos y a todo. En resumen, es vivir a través de la regla dorada: tratar a los demás de la misma forma en que te gustaría que nos trataran. Y dado que muchas veces nos tratamos mal a nosotros mismos, también tratamos mal a los demás. Por ello es de gran importancia valorarnos y amarnos; de lo contrario, nunca llegaremos a ese estado de amor y armonía tanto interna, como hacia el mundo que nos rodea.

Compartiré contigo un ejemplo de un hombre que transitó por la Tierra con un mensaje. Me refiero a Jesús, un hombre judío que vivió en la Tierra y propuso a hombres y mujeres vivir la regla dorada que mencioné. Así, él siempre fue obediente a la Voluntad del Padre en los Cielos. La regla dorada es un común denominador de todas las religiones. Es una lástima que no la practiquemos en toda la extensión de la palabra. De manera muy enfática, Jesús siempre recomendaba a sus seguidores que se amaran los unos a los otros.

Ahora bien, mira a tu alrededor y observa cómo las guerras no han cesado. Muchas veces inician dentro de las estructuras sociales básicas como la familia, la pareja, los hijos, los hermanos, los amigos, los vecinos, etcétera. Y es así porque también ocurren en nosotros. Esta plaga de desacuerdo, intolerancia y dolor continúa debido a que la mentalidad sustentada en el miedo aún no ha sido atenuada y dominada, especialmente porque continuamos alimentando el sistema de pensamiento de proyección, que implica ver hacia afuera y no a nuestro interior.

La Voluntad del Ser proviene de sabernos valiosos, de identificarnos con una conciencia unida a la Conciencia Divina. Y la certeza de nuestro valor sólo puede provenir del reconocimiento de que somos más que un cuerpo con mente.

SER

Diálogo interno

Creo que éste soy yo

Este soy yo

Cuando llega el momento de tomar responsabilidad total de tus pensamientos y tus obras, seguramente te preguntas: "¿Qué beneficios me trae pensar de esta manera, es decir, en concordancia con la Voluntad de Dios?", y: "¿Cómo renunciar a lo que he creído que es mi propia voluntad?, ¿cuándo y cómo me he identificado con el ego?" Veamos esto por partes.

El beneficio es y será un camino lleno de amor y de paz hacia nosotros mismos y, en consecuencia, hacia los demás. Sin embargo, este camino debe surgir primero en ti. ¡Pedir que otro dé el primer paso para ver la manifestación de las acciones que provienen del estado del Ser, es esperar que nada ocurra! Otro de los grandes beneficios es vivir en un estado de abundancia gracias a que tienes una conciencia unificada y clara, dueña de todo, que jamás duda y siempre confía.

Ésta es la voluntad que se conecta con nuestro verdadero Ser, y es maravillosa. Tan sólo haz la prueba y te cerciorarás de los resultados que operan desde este sistema de pensamiento, el cual solamente puede existir en el Ser. Insisto: una mente sana te conduce a ello.

Depende de cada quien, de manera individual, actuar o no. Nada le ocurrirá al mundo que nos rodea si no hacemos nada al respecto. Lo único que lograremos es retrasar nuestro despertar a la felicidad, que es precisamente a lo que hemos venido a este mundo.

Si realmente somos honestos con nosotros mismos, nuestro verdadero Ser florecerá y dejaremos de prestar atención a lo externo, aunque podamos hacer uso de ello, para entonces gozar de este mundo de dualidad. Pensar y afirmar que este mundo es un valle de lágrimas, implica hacer la voluntad de quienes lo han aseverado. Pero, ¿es realmente tu voluntad creer en eso? Si la respuesta es sí, quizá sea mejor que cierres este libro porque evidentemente no es para ti.

Tener la voluntad de volver hacia nosotros es regresar el amor; el amor que siempre ha estado en el interior y que por algún tiempo hemos olvidado. Es posible llegar a él al utilizar toda la fuerza que proviene de la integridad del espíritu. Solamente estamos aquí para recordar quiénes somos en verdad. "Yo soy yo" como Ser soy perfecta, como humano no lo sé todo. Cada día aprendo más, pero es necesario que me muestre humilde ante mí misma, ante los demás y, ahora, ante ti. He cometido muchos errores, y los sigo cometiendo. Me doy cuenta cuando mi ego opera mi mente y también cuando mi ser me rige. He dicho muchas mentiras, a mí y a los demás. La principal mentira ha sido no reconocerme como Ser. Y fue de esta manera en que me separé de Dios y de los demás. La buena noticia es que los errores se pueden cambiar, y vivir en el presente es el regalo más maravilloso que he experimentado. Ésta es una forma de vida en la que cada día es un nuevo amanecer que trae consigo otra oportunidad de mejorar como ser humano y recordarme que soy una hija de Dios, creada a su imagen y semejanza.

Este libro es el producto de diversas experiencias cruciales en mi vida. Lo he escrito con la profundidad necesaria en cuanto a emociones, y con sencillez, por la forma clara en la que se expresan las ideas, para que te sea fácil aplicarlo en tu vida cotidiana. Cuando te digo que estamos aquí para recordar quiénes somos en verdad es porque hemos creído en tantas mentiras de quiénes somos, que pareciera que nuestra voluntad se hubiera dormido. Y recuerda que al olvidar operamos con el ego.

Como ya he mencionado, el cáncer provocó que yo despertara a la conciencia de que no soy mi cuerpo ni mi mente, sino un espíritu habitando un cuerpo físico, y que la única voluntad de mi Ser es que yo sea libre, feliz, que viva en este mundo de dualidad disfrutando todos los regalos que están dispuestos para mí. Y si están dispuestos para mí, también lo están para ti. ¿Cuál sería la diferencia entre tú y yo? La única diferencia puede ser que tal vez tú todavía dudes de tu capacidad de estar consciente; y yo, como muchos más, confiamos en esta capacidad. En este sentido, lo importante es entender que nadie es especial, ya que tenemos la misma esencia. Creernos especiales es hacerle caso al ego, el cual nos limita.

La voluntad del ego es aquello con lo que más nos hemos identificado a lo largo de la vida, debido a que es una voz insistente, que aturde pero también seduce; que aparece cuando dejamos de saber que somos un Ser. En el mundo físico, de la dicotomía, esta voz es la que opera porque se siente identificada con todo lo que ve, escucha, siente, toca y huele. Los cinco sentidos son los encargados de reafirmar esta voz, que existe como la única realidad. Y cuando sustentamos la realidad en lo palpable, en lo físico, es cuando dejamos a un lado a nuestro Ser. De ninguna manera quiere decir que el Ser deje de existir: el hecho de que no experimentemos algo con los cinco sentidos, no quiere decir que no exista.

Pareciera que es un juego complicado, y lo peor de todo es que realmente el mundo lo ofrece así. Nos separa de nuestra esencia de la que estamos hechos con el fundamento de que no la podemos ver. Es así como poco a poco reafirmamos que carecemos de nuestra esencia. A esto lo llamo "la limitación de la mente". Esta mente limitada, que afirma que únicamente existe lo que vemos, tocamos, escuchamos, sentimos y olemos, termina por confundirnos y nos invita a rendirnos ante ella, a que nos identifiquemos con ella como si fuéramos eso. Cuando éramos pequeños y escuchábamos a nuestra madre o padre decir: "Eres un tonto", "eres estúpido", automáticamente el "eres", se identificaba con el "yo", y en consecuencia adoptamos los juicios impuestos y nos decimos: "Soy un tonto, soy un estúpido". Además de la carga emocional implícita por provenir de una persona que dice amarnos (y que jamás dudaría de ese amor), que posiblemente desconozca las consecuencias de estas afirmaciones.

Lo explicaré de una forma más clara. Generalmente a la persona se le califica por los resultados que obtiene, y para lograr resultados debe hacer algo, dejando de lado el valor intrínseco del Ser. Así, la escala de valores del individuo cobra el siguiente orden de prioridades:

HACER
TENER
SER

Podemos pasar el resto de la vida haciendo mucho para tener algo o a alguien, y creyendo que verdaderamente así llegaremos a ser "importantes", "valiosos", "dignos de ser amados", etcétera. Evidentemente, ésa es la voluntad del ego.

La Voluntad del Ser, en cambio, es que la persona se identifique con el todo, que se conciba como parte y partícipe del todo.

SER
HACER
TENER

El reino de Dios somos nosotros como Seres. Con esto me refiero a que, cuando nos identificamos con Dios, nos identificamos con el Ser, insisto, esto es el reino de Dios. Honramos nuestra divinidad como esencia. Es importante comprender que el cuerpo físico es el vehículo para comunicarnos en esta dimensión. Si te "sabes valioso", tus acciones son de valía y valoras a los demás. Si te "sabes amable", te amas a ti mismo y amas a los demás. Si te "sabes inteligente", tus acciones son pensadas con calma, te educas e instruyes, actúas sin reaccionar con emociones intensas y mantienes un estado de serenidad y paz. De igual manera, si te crees estúpido, harás cosas estúpidas; si crees que eres un tonto, actuarás en consecuencia.

La voluntad del ego, o mente errada, es y será siempre el hecho de hacernos dudar, llevarnos a tratar de comprobarlo todo sin medir el sufrimiento. Analiza estas palabras y saca tus propias conclusiones. Solamente te sugiero que lo hagas en un espacio donde puedas reflexionar con calma y claridad. Tú elige lo que quieres creer.

Tú abres la puerta de la felicidad.

Decidí ver al cáncer como a un aliado

En medio de las incógnitas que surgieron a partir de la enfermedad, comencé a hacerme múltiples preguntas. Y fue así que, mientras antes había muerto en vida, en ese momento empezaba a vivir, justo después de haber tomado la responsabilidad sobre mí misma. Obviamente, los tratamientos derivaron en una transformación de mi apariencia física. Con la quimioterapia mi cabello se empezó a caer, entonces decidí quitármelo por completo. Lo hice como un ritual de amor a mí misma un día que, al pararme frente al espejo y me observé detenidamente, me dije: "No soy mi pelo, no soy mi cuerpo, no soy mi mente: soy yo." Luego tomé la máquina de afeitar y poco a poco rasuré el cabello que quedaba en mi cabeza: ante mi sorpresa apareció un Ser desnudo al que podía observar su alma hermosa y radiante. Me sentí íntegra, experimenté mi Ser, y con gran alegría afirmé: "Soy como una flor que sus pétalos tiró y pronto descubrió de donde se nutrió."

Así nació mi camino a la libertad. Me di cuenta de que el tiempo se había detenido, como si se hubiera colapsado de pronto. Era como si todo sucediera lentamente para hacerme consciente de que el tiempo no existe: sólo está vivo el presente. Y pude verlo porque todo lo que vivía era presente; incluso el pasado lo recordaba en el presente, y el futuro lo creaba en el presente.

Ante al diagnóstico de cáncer, la elección que hice fue amarlo.

Por eso, cuando me trataron con quimioterapia en el Centro de Cancerología de Guadalajara, Jalisco, en México, decidí pasar un tiempo grato, y nombré al lugar como Centro de Renovación Celular.

El mensaje de un hombre hace más de 2000 años fue: "Si tuvieras la fe de la semilla de mostaza, moverías montañas." En la época de la quimioterapia, esta frase cobraba un nuevo sentido para mí, y tuve la fe de que el medicamento que entraba en mi cuerpo era luz y me sanaba. Me habían advertido que la quimioterapia haría estragos tanto en las células malignas como en las sanas, pero yo decidí creer firmemente que el medicamento únicamente me sanaba. Lo que hice fue ver las cosas de otra manera.

Estaba consciente de que me aplicarían la quimioterapia. Entonces afirmé: "Frente a un hecho inminente, yo decido cómo me quiero sentir, puedo ver las cosas de una forma u otra, está en mí sufrir o pasarla bien. Puedo ver lo que me suceda como una oportunidad o una tragedia. Sin embargo, yo sé que puedo dirigir mis pensamientos para vivir feliz." En ese entonces sentía que tenía el tiempo encima y que era necesario que me transformara: fue así que decidí abrirme, hacer a un lado el juicio que se le da al cáncer y tomar la enfermedad como la oportunidad para ser feliz.

Los seres humanos estamos condicionados respecto a la enfermedad. Generalmente, cuando vemos o sabemos que alguien está enfermo, y más todavía, si está enfermo de cáncer, comprendemos que la persona sienta libremente, incluso, en nuestro interior, lo "permitimos". Muy probablemente se tengan más consideraciones con ella que las que tenemos cuando ha estado sana. A partir de darme cuenta de esto, mi diálogo interno fue el siguiente: "Tengo una oportunidad." Entonces me apropié del espacio en donde me encontraba en la unidad de Cancerología y agradecí por que existieran los medios que curaran mi cuerpo. Observé detenidamente el lugar: tenía flores de colores, una fuente y cubículos alrededor de un jardín. Y continué con mi diálogo interno positivo.

"Qué afortunada soy, mucha gente está donando dinero para que yo pueda recibir este tratamiento, no estoy sola. Las enfermeras me acompañan con una excelente disposición para ayudarme a que estas seis horas que debo pasar aquí, sean menos pesadas. En este momento siento que mi cuerpo se detiene y percibo todo lenta y suavemente, como si flotara. Mi cuerpo no pesa. Hoy veo la vida diferente, he reflexionado sobre muchas cosas a las que antes no les daba gran importancia, como ver salir el sol, sentir la brisa que acaricia mi pelo, apreciar una sonrisa de mis hijos al despertar, una mirada tierna, una llamada de teléfono de una amiga o amigo para saludarme, ver las nubes moverse y cambiar de forma, los colores del atardecer, el canto de los grillos, la temperatura del agua al lavarme las manos o al bañarme, la textura de los alimentos que como."

Podría detenerme y narrarte todos los pensamientos que llenaron mi mente en aquellos días. Pero lo que quiero decirte es que, gracias al poder de mi diálogo interno, logré estar más consciente de mí, de ti, del universo, de Dios que está presente, de manera constante y consciente.

Todos somos los arquitectos de nuestra propia vida. Y la vida me brindó esta oportunidad a petición mía. En efecto, leíste bien: a petición mía. Quizá te parezca ridículo o absurdo porque nadie, al menos no conscientemente, pide algo que lo haga sentir mal, sufrir o enfermar. Es algo que está mucho más allá del pensamiento consciente.

Mi despertar, que me llevó a saber que construyo y transformo mi realidad a voluntad, ha significado un crecimiento de miles de años en mi conciencia y resulta maravilloso. Por mucho que te pueda decir, las palabras son únicamente símbolos que intentan dar una imagen de la profundidad de lo que experimentamos. Ahora puedo ver con claridad cómo, en muchos momentos, mis palabras cobraron vida. Cuántas veces molesta y cansada, decía con ligereza y a manera de broma: "Me quiero morir", o: "Ya no quiero vivir, estoy cansada, mejor que me de cáncer o que me pase algo." A estas fechas soy honesta conmigo y lo digo sin miedo al juicio de mis palabras: soy consciente de lo que hago y pienso. Por ello me atrevo a escribir de esta manera. En cambio, anteriormente mis pensamientos de poco amor y de mucho ego construyeron mi realidad y me llevaron a vivir de esa manera.

Ahora elijo con más calma y detengo mi mente; contengo mi lengua cada vez que el ego se dispara e interfiere, como lo hacía antes de que despertara del sueño en el que me encontraba. Ahora sé que *La curación más allá de lo físico se llama sanación.*

Lo que pretendo transmitir con este mensaje es que nuestro Ser (lo que realmente somos) jamás es dañado: no sufre ni se deteriora, ya que es perfecto. Nuestro cuerpo físico, emocional y mental es el que se enferma, es afectado por la influencia de cualquier cambio positivo o negativo, y está condicionado por el desconocimiento u olvido de quienes somos en realidad. Obviamente, no funciona así con el fin de lastimarnos. Debido al condicionamiento impuesto conforme crecemos, en el que interviene la sociedad, las religiones y la cultura, todos deseamos defender nuestro punto de vista como si fuera una verdad absoluta. Así, terminamos por querer tener la razón, y olvidamos ser felices.

Siento un profundo respeto por todas las ideologías, así como por el anhelo de todos los seres humanos de ser y sentirnos amados, sobre todo por Dios. Cuando me di a la tarea de creerle a Dios, y no sólo creer en él, supe mi esencia es, existe. Mi espíritu nunca se puede dañar y, por lo tanto, el tuyo tampoco. Con frecuencia, en mi consulta privada, escucho a mis clientes, incluso a terapeutas, psicólogos y comentaristas de radio y televisión, decir que el alma se enferma. Algunas veces afirman con seguridad: "¡Esta persona está enferma del alma!" Los respeto profundamente porque creen en eso.

Me di cuenta de que, si quiero sanar mi cuerpo,
tengo que iniciar por sanar mis pensamientos.

¡Mi mente se abrió! La sanación profunda incluye siempre un cambio en el sistema de creencias y/o acuerdos, cambios de actitud y, por lo tanto, una expansión del contexto mental.

"¡Todo se ve según el cristal con que lo mires!"
"¡Al mal tiempo, buena cara!"

"¿Ves el vaso medio lleno o el vaso medio vacío?"
"¿Cómo ver las cosas de otra manera?"

Éstas son algunas de las afirmaciones comunes en la vida cotidiana. Todos las hemos dicho o escuchado alguna vez. Son frases que abren nuestra mente a otras opciones, otras posibilidades. Ahora acepto que no todo lo que sé es todo lo que puedo aprender, dejo un lado mi ego y evito culpar a los demás y a la circunstancias, marco un cambio radical en mí: ya no soy la pelota, ahora soy quien coloca la pelota donde yo quiero. Una elección que tomé para vivir, y sobre todo, vivir viva.

Mi elección

Yo elegí.
Gracias por tu presencia en mi vida,
soy una mujer muy afortunada.
Me siento profundamente amada.
Hoy he elegido vivir libre de ataduras,
amando y disfrutando cada paso que doy.

Amo mi vida más que nunca; me amo a mí,
y puedo decirte que te amo a ti también,
sin temor y sin vergüenza, sin necesidad de justificarme.

Soy libre para ser quien realmente quiero ser.
Me he dado el permiso de ser feliz y disfrutar mi vida.
Ya no tengo conflictos conmigo ni con los demás.
Hoy más que nunca no temo expresar quién soy
y lo que sueño.

Vivo mi vida sin miedo al juicio de los demás
y sin juzgar a nadie.
Ya no me siento responsable por la opinión de nadie.

Estoy aprendiendo a dejar de controlar a los demás.
Y ahora ya nada ni nadie me controla.
He tomado la libertad de mi vida en mis manos.
Ya no necesito tener siempre la razón, he decidido ser feliz.
No tengo miedo de arriesgarme,
porque no temo perder nada,
ya que Soy un Ser completo.

No tengo miedo de vivir ni de morir.

Ahora me amo tal como soy, amo mi cuerpo.
Amo mis emociones tal como son,
sé que soy perfecta tal como Dios me creó.
Ahora sé que somos Uno con Él, que nos creó,
Uno con todo y con todos,
y podemos amarnos en plenitud.

Gabi Caccia
Primavera, 2004

Durante las sesiones en las que mis clientes buscan liberarse de sus juicios y ataduras, he encontrado que el principal problema es el juicio de las emociones y los pensamientos. Es algo que todos hacemos y considero que es el principal obstáculo para vivir de una manera libre y sin miedo.

Para sanar es necesario que la persona acepte que está enferma, que reconozca que sus pensamientos han enfermado al cuerpo. De lo contrario, nunca saldrá de ese círculo vicioso.

En este sentido, quiero hacer especial énfasis en que cuando no tenemos la libertad de sentir, decir y hacer, es porque el pensamiento que atraviesa nuestra mente es un razonamiento de juicio. Con el fin de no caer en la trampa de dicho pensamiento, es necesario reconocer de dónde viene y si en verdad es nuestro o de alguien más: otra persona pudo afirmarlo anteriormente y luego lo adoptamos como propio, valorándolo tanto como si hubiéramos pagado un precio muy alto por él.

Cuando por fin decidimos deshacernos de los pensamientos negativos que limitan nuestro desarrollo y felicidad, nos encontramos con el sentimiento de culpa ya que el ego presenta esta liberación como si se tratara de una traición hacia nuestros padres, maestros, amigos, religión, etcétera.

Enfrentar y aceptar lo que sentía, y colocar todo en su respectivo sitio, fue la clave para recobrar mi salud y transmitir con congruencia y convicción que sí es posible sanar y alcanzar lo que más queremos para nosotros mismos.

Ahora me doy cuenta de que todas las personas transmitimos lo que para nosotros es verdad. Sin embargo, cuando realmente analizamos lo que nuestro verdadero Ser quiere, nos es difícil confiar en ese deseo; dudamos, cometemos errores, corregimos. Pero, finalmente, ¿qué importa? Sé que me equivocaré muchas veces y podré corregir otras tantas. Lo único que importa es ser libre y fiel al Ser verdadero que habita en nosotros.

La sanación ocurre en la mente y se observa en el cuerpo. Cada pensamiento que creamos tiene una fuerza poderosa que funciona como un imán, atrayendo todo pensamiento. A lo largo del tiempo me he vuelto cada vez más consciente de esto y mi vida ha dado un giro de 180 grados. Por eso hoy lo comparto contigo.

Realmente se trata de algo tan simple, que parecería que no es posible. Pero recuerda que el ego desea que las cosas se compliquen y que todo se manifieste como más difícil e inalcanzable de lo que realmente es. Pero eso es solamente el ego y no el Ser. Porque el Ser es nuestra verdadera esencia.

La verdad es Una

Todos somos Uno

Conocerás la verdad, y como bien afirman: la verdad te hará libre.

Al afirmar: "Todos somos Uno", comienza la complicación. Por miles de años se ha dicho que somos Hijos del mismo Padre, del Creador, podemos acudir al Génesis, a la Torá, a todos los libros sagrados que nos han precedido por milenios. Cuando éramos muy pequeños, niños inocentes, todo lo veíamos con los ojos de la verdad, los ojos del amor, no existía malicia, amábamos lo que nos rodeaba, vivíamos en una comunión (Común-Unión) con todos y con todo, el brillo de nuestros ojos lo reflejaba. ¿Por qué nos alejamos de ese brillo, de ese estado de dicha?

Las personas que nos educaron nos transmitieron sus ideas, sus conceptos, su forma de comprender y asimilar el mundo. Nos enseñaron todo lo que creían necesario con la mejor de las intenciones. A su vez, a ellos también los educaron y formaron en un sistema de pensamiento específico. Así se transmiten y perpetúan las creencias y/o acuerdos, de generación en generación, de manera que se va menguando el concepto de quiénes somos y del Ser verdadero.

Estoy segura de que nadie actúa con la intención de perjudicar a otro, aunque muchas veces lo pensemos así; en cambio, percibo que simplemente cada persona tiene diferentes puntos de vista, los cuales fungen como la verdad para cada quien. Te aseguro que si todos nos diéramos cuenta de que cuando hacemos daño a alguien nos lo hacemos a nosotros mismos, los humanos nos amaríamos y estaríamos en una hermosa danza de amor con todo y con todos. Comprenderíamos que estamos hechos de la misma esencia y unidos en lo más profundo. Y reitero: me refiero a nuestro Ser, no hablo del cuerpo físico.

Sin embargo, la realidad es otra. Por mucho tiempo deseé que así fuera la vida, lo cual implicaría que todos pensáramos de la misma manera, tal como yo veo las cosas, y acepto que me frustraba mucho entender que vivimos en un mundo de dualidad y paradojas. Fue entonces cuando intenté suicidarme. Ahora, muchos años después, pienso que el mundo es perfecto tal como está, y que cada quien lo ve como desea verlo: si queremos verlo hermoso, haremos cosas hermosas para que así sea, y aportaremos a ello con nuestros pensamientos, palabras y acciones.

Una vez, en una conferencia que di, una mujer de unos 55 años me dijo: "Tú puedes hablar así y te ves hermosa porque seguramente tu vida ha sido bella. Tienes hermosos ojos azules y una piel linda; deberías de preguntarme a mí como me han tratado la vida y la gente. Te compadecerías de mí y no hablarías de que el mundo puede ser bello si así lo queremos." Mi respuesta para esa mujer fue simple: "Entiendo lo que me dice y lamento mucho lo que ha pasado en su vida." Entonces, con un tono visiblemente molesto, preguntó: "¿Cómo que me entiendes? ¿Qué puedes decir tú sobre el sufrimiento? Mírate: eres joven y bonita." Yo le di las gracias nuevamente por sus palabras y le dije: "¿Me permitiría hacerle una pregunta?" "Sí", respondió la mujer con un tono menos duro. "Señora, ¿el día de hoy podría mencionar algo por lo que esté agradecida?" Al escuchar mis palabras su rostro se transformó. "Sí, por supuesto que sí", dijo, "¡estoy viva y estoy aquí!" En ese momento miró al cielo y añadió: "Me he pasado la vida quejándome de todo lo que me pasa, y hasta ahora me doy cuenta de que yo misma me he empeñado en pasarla mal." Entonces empezó a llorar, se acercó a mí y me dijo con dulzura: "Es la primera vez que alguien no me ataca." Yo la abracé.

De esta manera nos vamos comunicando en la vida, cada uno actúa de acuerdo a su propio nivel evolutivo. A veces podría parecer que algunos están más dormidos que otros; sin embargo, todos estamos en un sueño, aquél que es nuestro propio sueño y es únicamente nuestra percepción.

Pienso que, con seguridad, todos y cada uno de los seres que habitamos este planeta, en esta galaxia, tenemos una misión: vivir en el amor y ser felices, aunque parezca una locura.

La búsqueda

Desde siempre, todos los seres humanos participamos en una constante búsqueda de la felicidad. Todas las religiones del mundo han ofrecido el premio del cielo, y no tengo la menor duda de que es y ha sido la mejor intención de ellas.

Al pasar los años, quien busca la felicidad llega a un punto en el que una pregunta se hace presente en su corazón (pienso en la mujer que me abordó en la conferencia): "¿En dónde busco la felicidad? ¿Dónde estás, felicidad?" Entonces se hace un alto total en el camino y surge un miedo que puede paralizar o atacar.

Te hablare de mi búsqueda, que también es la tuya, porque creo fervientemente que todos somos Uno, y que si yo he encontrado el camino, éste también te pertenece a ti.

Hace algunos años escribí un llamado a Dios, al Amado, al Creador, al que tanto había buscado durante muchos años. Yo había iniciado un camino espiritual impartiendo clases de formación en la fe en un colegio religioso. Lo que decía y hacía en mis clases estaba en función de cómo percibía el concepto de Dios, y eso era lo que transmitía a mis pequeñas alumnas. Me sentía muy bien, pero pensaba que realmente me sentiría bien si algo sucedía en mi interior. Me preguntaba: "¿Por qué, si hablo con las niñas y me esfuerzo en dar a conocer quién es Dios, ¡me siento tan sola, triste y sin paz!?" Las preguntas bombardeaban mi mente todo el tiempo. Había creído en un Dios que no sentía como mi amigo, un Dios desconocido, tan lejano como el sol: sabía que existía, pero algo dentro de mí tenía la certeza de que existía algo más y no sabía dónde buscarlo.

Un día me invitaron a adentrarme en el silencio durante un fin de semana. ¡Tres días de silencio! Para mí aquello era inaudito, porque generalmente no podía dejar de hablar. El ruido del silencio me envolvió como si se hiciera presente una noche oscura, la más oscura de las noches donde sólo estaba yo con la nada y con las voces que me gritaban:

—¡Aquí estoy, detente!

—¡Silencio!, ¿qué pasa?

Preguntaba sin parar:

—¿Quién eres?

—¡Soy Yo!

La respuesta era contundente.

—¿Quién eres yo?

—¡Soy tú!

—¿Cómo yo? No puede ser, yo soy la que habla.

—Dime, ¿qué pasa?...

Y así siguió este diálogo que me estremeció durante una intensa noche de junio. Sólo recuerdo que escribía sin parar. Fue esa noche que nació mi poema "En busca del Amado", con la huella tenue de San Juan de la Cruz, lo escribí sin detenerme.

En busca del amado

Buscando por la vida,
amado con amada se ha encontrado.
Cuán dichosa al mirarte
con ternura me he quedado.

Cuánto tiempo esperando tu llegada
sin saber que tu presencia
en mí habitaba.

Descubriendo con dulzura,
tú, mi Amado,
la belleza que en mí has derramado.
¡Oh!, Amado, al saberte hoy conmigo
con asombro transformada,
me dejas inundada de esas mieles
de tu alma delicada.
En mí, ninguna soledad ya habita.

Puesto que en mí reposas cual
Amado se desposa con Amada.
Gocémonos con toda la hermosura
sintiendo lo que ahora sabemos nos augura...
Amado con Amada, por fin tocas mi alma.

Gabi Caccia

Junio de 2001

Pensé que era una locura. Mi mente me decía: "Es demasiado maravilloso como para ser verdad." En el fondo de mi alma, donde buscaba las respuestas, éstas ya estaban escritas, ya habían sido dictadas. Y hasta mucho tiempo después comprendí que no había sido yo quien dictó dicho mensaje: yo sólo era un canal, un instrumento de que Dios, el Amado, utiliza para que sus mensajes lleguen a quien le pide ayuda clamando: "¿Quién soy? ¿Dónde estás que no te veo?"

Así, mis pasos en este sendero habían sido dados. Me había casado con Dios en un sí eterno, que implica el recorrido de un camino sin regreso y la voluntad de decir: "Sí quiero ser feliz." Sin embargo, en ese momento no sabía la magnitud del mensaje. Dos años después pude darme cabal cuenta de ello, cuando comenzaba a disipar las nubes que cubrían mis ojos, los ojos de mi alma con los que verdaderamente había dicho sí, sin saber lo que eso significaba.

Cáncer, la enfermedad temida por todos los seres humanos, era precisamente lo que me invadía. Tan sólo habían transcurrido dos años desde mi boda con Dios, con el Amado. Fue una boda que realicé cuando el cáncer llegó a mi vida, en un momento en el que tuve plena conciencia para afirmar: "Sé quién es Dios, he hablado con Él, Él me ama", también repasé todas las ideas que pasaron por mi mente en esa época, cuando era una mujer desesperada en busca de respuestas.

Ese invierno trajo a mi vida toda una metamorfosis. Estaba en un hospital sin entender qué pasaba, por qué me sentía físicamente enferma. Iniciaba un proceso de transformación al enfrentarme con saber si verdaderamente había entendido quién era Yo.

Había llegado el tiempo de la evolución en el que ya no podía reaccionar: era hora de crear y la invitación para volar era para mí, mi propia transmutación. Algo que parecería una locura para muchos, pero no para mí. En ese momento decidí comenzar a vivir viva porque había vivido muerta durante muchos años.

En los últimos meses anteriores a ese invierno, Un Curso de Milagros había sido el tema de conversación. No podía explicar de qué se trataba el curso porque pocas personas lo entendían: era una especie de canalización, un dictado. Y fue justamente ahí que entendí lo que me había ocurrido aquella noche de junio, cuando escribí "En busca del Amado".

Nada real puede ser amenazado.
Nada irreal existe.
En esto radica la paz de Dios.

UCDM

Así comienza Un Curso de milagros, el cual establece una clara distinción entre lo real y lo irreal, entre el conocimiento y la percepción. El conocimiento es la verdad y está regido por una sola ley, la Ley del Amor o Dios. La verdad es inalterable, eterna e inequívoca; es posible no reconocerla, pero es imposible cambiarla.

Lo anterior es así respecto a todo lo que Dios creó, y sólo lo que Él creó es real. La verdad está más allá del aprendizaje porque trasciende el tiempo y todo proceso. No tiene opuestos, principio ni fin. Simplemente es.

La verdad es Una. Todos somos hijos del mismo Creador, somos hijos del Amor, y en eso consiste la búsqueda perseverante de todo ser humano, a lo largo de todos los tiempos.

Podríamos pasarnos toda una vida discutiendo este tema y llegaríamos al mismo punto: sólo podemos hablar de nosotros mismos, de nadie más, y lo que es verdad para mí no necesariamente lo es para ti, ¿te das cuenta? Cada quien posee la verdad: la verdad está en ti, en mí y en todos.

Lo que es verdad es real, lo que no es verdad no es real. Y así, creer que no merecemos ser amados por Dios nos ha alejado de Él. Al creernos indignos de que Él venga a nosotros, durante años repetimos frases cuyo origen es la verdad de alguien y no nos detenemos a analizar si son verdad para nosotros o no.

Hacer conciencia de lo anterior implica una gran responsabilidad y un intenso trabajo personal, ya que en el camino encontraremos a un sinnúmero de personas que se opongan firmemente a que esto sea posible. Aun así, eso es su verdad y las cosas realmente son así para ellas.

Cada uno de nosotros somos artistas de nuestra historia y actores de la obra más importante: nuestra vida. Somos el actor principal para nosotros mismos y los demás son actores secundarios; lo mismo sucede con cada persona en la historia de los demás. Entonces, ¿qué papel queremos jugar en nuestra propia historia? Sin duda, esa decisión depende de cada quien y de su nivel de conciencia.

Nuestros padres

Saber que nuestros padres siempre actuaron con la mejor intención para cada uno de sus hijos, nos invita a vivir en armonía total. Sin embargo, es necesario creerlo y, sobre todo, vivirlo en el día a día. Esta idea puede resultar molesta o incómoda para muchos, ya que cada quien tiene una historia con sus propios padres. Por ello es necesario aclarar el pasado, con el fin de vivir un presente y un futuro saludable.

Yo pase más de 15 años en un gran juicio y molesta por aquello que había creído de mí y de mis actores secundarios: padres, hermanos, ex esposo, amigos, incluso de Dios.

Dado que vivía molesta y me sentía con mala suerte y desdichada, muchas veces llegué a pensar: "¿Qué tengo que aprender de esto?, ¿por qué me tiene que pasar esto a mí?" En fin, a partir de mi sensación de malestar realizaba muchas preguntas y las respondía con afirmaciones que me hacían sentir mal; y, por consiguiente, culpaba a los demás de mi desdicha. Sin embargo, esas afirmaciones no eran la respuesta, sino aquello que yo creía que era la respuesta. Y como la mente tiende a magnificar las cosas y a construir en grande al fantasma que uno piensa, finalmente éste cobra vida y se aparece. La realidad que piensas se materializa.

Cuando recurrimos a analizar nuestra historia y la de nuestros padres con la intención de comprender nuestro comportamiento, entonces podemos saber qué nos transmitieron, qué era para ellos la verdad, y no tuvimos la opción de cuestionarlo cuando éramos pequeños. La historia de nuestros antepasados yace entonces quieta en nuestro interior, y hasta el momento en que logramos enfrentar la vida sin juicio es cuando podemos sanarla.

Actualmente, en mi práctica privada con mis clientes puedo comprender con más claridad la manera en que las historias se distorsionan por no aclararlas a tiempo. Me he percatado de que el común denominador en las personas que se me acercan y comparten conmigo su vida, es sentirse abandonados, poco amados por alguien significativo en su vida. Cuando logran iluminar su panorama se abre la puerta a la comprensión y a la conciencia y literalmente vuelven a la vida. De otra manera, al no resolver todas esas capas de dolor y juicio que viven en nosotros, se vive en un infierno constante. Y a eso yo le llamo estar muerto en vida, lo que da como resultado la enfermedad, el dolor, el miedo, la carencia, etcétera.

Cada vez que nos sentimos separados de los demás nos alejamos de la verdad. Este alejamiento se ha convertido ya en una forma normal de vida, y pareciera que así debemos vivir; en medio de conflictos, desaciertos, tristeza y sufrimiento. Hemos escuchado de varias fuentes que la vida es un valle de lágrimas y que al morir tendremos la vida eterna. Y, bueno, es cierto que podemos continuar viviendo como siempre lo hemos hecho, creyendo en el destino de amargura, o bien podemos hacer cambios radicales o paulatinos en nuestra forma de vivir. ¿Nos vive la vida o vivimos la vida? Te invito a hacerte esta pregunta y a reflexionar en ella.

La verdad es una. Y la única verdad es que somos Amor y venimos a amar, simplemente se nos ha olvidado y lo estamos recordando.

En 2006 inicié la conducción de un programa de radio. Cuando la dueña de la estación me preguntó: "¿Cómo se va a llamar tu programa?", me quedé pensando y lo consulté con mi hermano mayor. Él me pregunto qué ofrecería a las personas con mi programa y yo le respondí: "La posibilidad de abrir una puerta a la Felicidad". Entonces mi hermano me dijo: "Pues está claro. Que se llame *La puerta*."

Desde hace cuatro años soy conductora y productora de este maravilloso programa, el cual verdaderamente ha logrado tocar muchas puertas, las de quienes me permiten entrar en su vida para encontrar una forma diferente de ver las cosas, basada en el deseo de ser feliz, y querer tener la razón cada vez menos.

Te invito a percibir la vida como un collar de perlas, engarzadas por un hilo de plata: todas son perfectas y están en amorosa sincronía. Así nos damos cuenta de que, al final, el broche que las une siempre ha estado ahí, sólo que muchas veces está abierto y otras cerrado. La magia radica en sentirlo y atreverse a abrir la puerta de la felicidad.

La idea es ver lo invisible que, aunque abierto, se pueda encontrar: lo maravilloso es que Dios lo sigue uniendo.

Los padres hacen lo mejor posible por sus hijos, dentro de sus capacidades y circunstancias. Quizá no te guste esta afirmación, pero contemplar esta posibilidad hace que todo sea más ligero. Por desgracia, generalmente terminamos haciendo muchas cosas, o todas, de lo que más nos choca de ellos, debido a que su voz resuena en nuestra mente como si fueran miles de voces al mismo tiempo.

Cuando logramos enfrentarnos a ello con amor, es posible sanar. Y la llave para sanar es el perdón. Pero se trata del perdón abordado desde una visión distinta, una propuesta quizá insólita, incluso absurda: "Perdónalos, Padre, porque no saben lo que hacen."

Me regocijo en compartir contigo esto, pues considero que es la puerta que nos conduce a la felicidad y al gozo. Tu padre y tu madre han hecho las cosas con su propia conciencia, aquella que los llevó a actuar de esa manera. Pero eso no significa que tú debas hacerlo de la misma forma. El problema es que, si no nos damos cuenta de los patrones de conducta que hemos aprendido de ellos y que anidan en nuestro interior, seguramente los repetiremos con una exactitud tal, que terminaremos odiándonos y a ellos también.

Es como haber sido domesticados con tanta insistencia que después de un tiempo, aunque el domador ya no esté, nosotros nos convertimos en nuestro propio domador.

He hablado de la culpa que se experimenta al juzgar las emociones y los pensamientos. Y en este sentido, funciona de la misma manera: no nos gusta cómo actúan nuestros padres pero terminamos haciendo lo mismo; al no darnos cuenta de ello, el juicio se presenta y sólo termina hasta que nos enfrentamos con la situación interna que lo detona.

Si observas tu vida hoy y eres completamente honesto contigo, te darás cuenta de la influencia tan grande que tus padres han tenido en ti. Sencillamente, somos el producto de la educación que recibimos de su parte. De la misma manera, el contexto social, religioso y las estructuras políticas influyen en nosotros de forma individual.

Las personas somos modelos de inspiración para construir un país, una sociedad y una familia. Así, si no nos gusta lo que tenemos necesitamos ir a la raíz que lo generó; es decir, revisar la causa y no el efecto.

Todo se puede cambiar, pero se necesita una gran fuerza de voluntad y decisión para hacerlo. El fortalecimiento de la voluntad se logra al tomar conciencia de cómo son nuestros pensamientos. Es justo en ellos donde está la respuesta, ya que todo se generó con un pensamiento. Éstos se pueden cambiar, la cuestión es dejar de aferrarnos a la idea de que lo que sabemos es la única verdad y lo que vemos es lo único que existe.

Abrir nuestra mente es abrir nuestro contexto, y cuando éste se amplía definitivamente sucede la magia.

Yo abrí mi contexto mental y denominé que "el cáncer es vida". Y aquí estoy. Miles de personas que han abierto su mente también han logrado superar diferentes situaciones, no solamente en casos de enfermedad. La transformación de los pensamientos aplica para todo. Significa un cambio total en el sistema mental que nos ha regido. No hay milagros pequeños o grandes: todos son milagros. Pero el más grande es *el milagro de percibir las cosas de otra manera*.

Tercera parte

La vida es una revelación

Encontrando a Dios

Primero, es necesario que te abras a la posibilidad de que hay muchas cosas que no sabes, y de que no todo lo que conoces es lo único que existe.

Abrirte a que existe una inmensa diversidad de maneras de pensar. Todos tenemos puntos de vista diferentes y, cuando respetamos a los demás y a las diferentes ideologías, inicia el verdadero camino hacia la espiritualidad y al encuentro con Dios. En el mejor de los casos, todas las palabras son sólo un pequeño punto de partida para empezar a cultivar tu propio reconocimiento interior, la apertura de tu conciencia más íntima y verdadera, aquella donde radica tu ser. El problema con las palabras es que limitan porque son insuficientes. Y en lo concerniente a Dios, éste no puede ser limitado por conceptos y palabras: es absoluto e inexplicable. Solamente se puede llegar a él por medio de una honda conexión espiritual, intraducible.

¿Cómo pueden tu percepción y entendimiento ser suficientes para sentir la grandeza del Creador?

El lenguaje verbal es un instrumento creado por nosotros, los humanos, para la comunicación entre humanos. Dios es todos los lenguajes conocidos y también los no conocidos; es decir, ni todos los lenguajes, dialectos, idiomas terrestres o universales juntos podrán describir jamás ni una milésima parte de Dios.

Iniciemos por comprender que nosotros somos Dios, en el sentido de nuestra esencia. Cuando aceptemos esta certeza, tan difícil de concebir, habremos dado un paso muy importante, sin que intervenga el lenguaje ni las palabras.

Cualquier pequeña desviación y obstrucción interior, es un obstáculo para el entendimiento. Por ello, para encontrar el sentido del significado de Dios, es muy importante enfocar nuestra atención en la eliminación de estos obstáculos, paso a paso, escalón por escalón, piedra por piedra. Sólo entonces tendremos un destello de la luz y sentiremos la dicha infinita, como las notas que plasma un músico con su sinfonía armoniosa.

"Sentir" es y será, porque únicamente cuando te permites "sentir" le das significado a tu vida. Y al hacerlo podrás empezar a saber quién es Dios.

Un obstáculo común son las enseñanzas que hemos recibido de varias fuentes sobre cómo es Dios. Las tenemos tan arraigadas que no podemos evitar una idea, aunque sea inconsciente, de que Dios es alguien que actúa, decide y dispone arbitrariamente y a voluntad. Y, además, creemos que todo esto es justo. Considero que es falso, ya que Dios Es. Las leyes que nos han impuesto sobre lo que significan los actos de Dios, han propiciado un desconocimiento real de lo que esto son y por lo tanto nos desconocemos también a nosotros mismos y a los demás. Así, lo buscamos una y otra vez en todas partes e invertimos una gran cantidad de tiempo y energía para encontrar su significado. Nos desgastamos emocionalmente en el camino que recorremos para encontrarnos con Él.

Mientras éste sea el concepto de realidad que abracemos, seguiremos buscando algo que jamás encontraremos, ya que lo buscamos en el lugar equivocado y sin sentido alguno.

Dios es la vida y es la fuerza vital. Piensa en esta fuerza vital como en una corriente eléctrica, dotada de inteligencia suprema. Esta corriente está ahí, dentro de ti, de mí, alrededor y fuera de ti, de mí y de todos. Depende de nosotros cómo la usamos. Podemos utilizar la electricidad para propósitos constructivos o destructivos, lo cual no hace que la corriente eléctrica sea buena o mala. Esta corriente de poder es un aspecto importante de Dios y es uno de los que más nos tocan.

Quizá te preguntes si Dios es personal o impersonal. Dado que los seres humanos experimentamos la vida con una conciencia dual, tendemos a creer que una cosa o la otra es la verdad. Sin embargo, Dios es ambos. El aspecto personal de Dios no significa personalidad porque Dios no es una persona, no reside en un lugar donde se le pueda buscar. Dios habita en Todo ser vivo, en todos los universos.

Así que Dios habita en ti, en mí, en todos y en todo; en la belleza de la Creación, en el conjunto de manifestaciones de la naturaleza. Y la experiencia de Dios se siente primero dentro de uno mismo: ésta es la más grande de todas las experiencias. El resultado de ella será una Común-Unión con los demás, sin que interfiera en tu paz ni tengas la necesidad de cambiar a nadie.

Fuimos creados a imagen y semejanza de Dios; es decir, somos completamente libres para elegir y constantemente lo hacemos. Dios jamás forzará, nunca nos obligará a vivir en la dicha, la luz o el gozo si no lo deseamos. Podemos hacerlo o no, y aún así Dios seguirá expresando su amor.

Cuando tenemos dificultad de entender la justicia del Universo y la responsabilidad por nosotros mismos y nuestra propia vida, evidentemente pensaremos que Dios es el responsable de lo que nos acontece todos los días. Y no es Dios quien es injusto, sino que la injusticia es provocada por la falsa percepción que tenemos de nosotros mismos.

Piensa en este instante en todo lo que has hecho en tu vida hasta ahora: te darás cuenta de que siempre has elegido. Quizá dándole el poder a los demás, creyendo que tú no tienes poder sobre ti; si es tu caso, puedo asegurarte que te sientes víctima y te descalificas totalmente. Quizá en este instante tomes más conciencia de que tú eres quien ha optado por lo que has vivido; si es tu caso, estás dando el paso más grande de tu vida que es tomar responsabilidad de ti mismo.

De ahora en adelante, cuando elijas, lo harás con más conciencia de lo que piensas, sientes y haces; sabrás que lo que hagas es resultado de lo que tú deseas, por muy absurdo que te parezca. Si buscas una respuesta sincera y tienes el valor de enfrentarla, entenderás la causa y el efecto en tu vida a partir de hoy.

El Universo es un todo y la humanidad es una parte orgánica de él. Experimentar a Dios es darte cuenta de que eres una parte integral de esta unidad. Sin embargo, en el estado presente de desarrollo interior en que nos encontramos la mayoría de los seres humanos, únicamente podemos experimentar a Dios bajo el aspecto dual, de la conciencia reactiva, viviendo una ley automática. Todos los seres humanos operamos bajo la conciencia dualista.

La buena noticia es que Dios está en nosotros y crea a través nuestro. Cuando tenemos un acercamiento erróneo hacia Dios, esperamos de una manera u otra que actúe por nosotros. Y entonces vivimos desilusiones inevitables sobre quién es Dios y probablemente lleguemos a dudar de que nos escuche, o incluso de su existencia.

Si esperas que las respuestas provengan de una fuente externa a ti, entonces estás en el camino equivocado. Sólo cuando contactes al Creador dentro de ti, podrás ver y comprender las respuestas. Estarás manifestando el poder que Dios nos ha conferido al habernos creado a su imagen y semejanza. Y es en ese momento que Dios se vuelve parte personal de nosotros.

Es así que nos volcamos en una energía creativa y activa. Sabemos que constantemente estaremos en cambios internos, ya que nuestra conciencia se habrá expandido y nos concebiremos como un Ser ilimitado.

Cuando te descubres a ti mismo y, en consecuencia, descubres el papel que estás desempeñando en la creación de tu vida, realmente te adueñas de ti mismo, te empoderas, dejas de ser manejado o manipulado y también dejas de manipular y manejar a los demás. Tú tienes que descubrir esto solo porque te corresponde a ti, ya que tienes el regalo de poder elegir. Si alguien te forzara a ello para salvarte del sufrimiento, jamás podrías ser una criatura libre. Se te estaría quitando la herencia que te corresponde por derecho de nacimiento. El verdadero significado de la libertad es que nadie puede usar ningún tipo de fuerza para obtener resultados.

Es posible que te acerques a pedir ayuda para clarificar y limpiar tu mente de las ideas erróneas sobre ti mismo, pero aun el coach de vida y/o terapeuta son los seres humanos, al igual que tú. El papel del sanador es ayudarte a reconocer que todos tenemos heridas emocionales y que cuando las sanamos podemos encontrar quiénes somos en verdad.

En mi consulta privada, cuando la gente me llega a decir: "Gabi, vengo contigo para que me digas cómo puedo ser feliz", mi respuesta siempre es: "Yo sólo soy responsable de mi felicidad. Si te digo cómo puedes ser feliz, te estaría quitando algo que te corresponde a ti." Buda decía: "Si encuentras un maestro, mátalo." Decirle a otro ser humano cómo y qué debe hacer es un papel que no nos corresponde.

El maravilloso poder de la mente

Todo pensamiento vibra, irradia una señal y atrae otra señal que se corresponde con él. Ésta es la Ley de Atracción, el poder de la mente. Todo lo que pensamos es atraído a nuestra vida. Cuando sabemos cómo opera esta ley podemos decidir qué pensar y qué no pensar. La mente es el amplificador de los pensamientos, y con cada pensamiento proyectamos nuestros deseos y realidades en la vida.

Pero veamos los aspectos más importantes de cómo actuamos desde la mente y sus estancias ya que, al no saber cómo opera la mente, nos podemos conducir por la vida desde diferentes ángulos. Considero que para lograr este conocimiento es muy importante conocer con mayor profundidad los tres aspectos o estancias en las que nos podemos encontrar:

1. La mente consciente.
2. La mente subconsciente.
3. La mente súper consciente.

Las 3 estancias de la mente

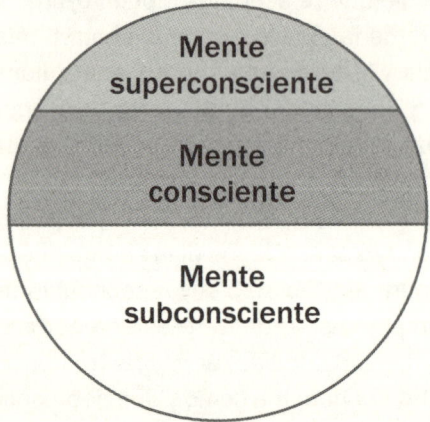

Veamos cada una con sus características.

La mente consciente

La llamo mente despierta porque es la que controla los actos voluntarios. En ella nos damos cuenta de lo que decimos, hacemos y pensamos, con plena conciencia de lo que estamos viviendo.

Con ella tenemos la capacidad de juicio y razonamiento analítico y lógico. Juzga y analiza todo cuanto vivimos, vemos y hacemos. Si tenemos una experiencia desagradable, la mente consciente la analiza, la observa con detalle y decide porque tiene la capacidad de ver la lógica y racionalizar la situación, pero también llega a enmascarar lo que está sintiendo la persona porque no contacta con las sensaciones.

Cuando una persona está anclada a la mente consciente, utiliza sus propias emociones para forzar los resultados deseados, muchas veces sin que le importe el bienestar de otros. El individuo conectado a ella no llega a hacer contacto con sus sentimientos más profundos. Normalmente piensa en relación de cómo puede ganar y los demás perder, ya que debe ganar siempre a toda costa. Dado que analiza todo, desea dominar. No le gusta que nadie lo controle y puede llegar a ser una persona castrante. Sin embargo, por medio de esa conducta oculta sus sentimientos y hace a un lado la intuición. Jamás reconoce que tiene miedo, nunca lo hará. Su lema operativo es: "Yo controlo." Obviamente vive de forma muy desgastante. Yo misma me di cuenta de que operé desde la mente consciente por mucho tiempo de mi vida y me desconecté de mi sentir. Por ello enfermaba, y finalmente padecí de cáncer.

Cuando el individuo opera en forma sana desde la mente consciente, es una persona confiable, muy organizada y productiva. Se le pueden delegar las cosas porque da resultados. Es cumplido y tiene un buen enfoque. Sin embargo, cuando estas cualidades se convierten en una obsesión comienzan los problemas.

La mente subconsciente

La llamo mente reactiva, ya que reacciona ante los acontecimientos, muchas veces con resultados poco satisfactorios. Almacena la información por medio de las experiencias vividas, incluso desde antes del nacimiento. Está marcada por las emociones y dispara reacciones o recuerdos, tanto gratos como no gratos. Muy probablemente, en una situación desagradable, la mente subconsciente no verá la solución y sentirá una gran amenaza y miedo. Es aquí donde se gestan las heridas emocionales.

En un estado positivo, la persona normalmente es cálida, amistosa, muy emocional y comprensiva; le gusta gozar y disfruta la vida, es más kinestésica, es decir que se enfoca en sensaciones, aromas, texturas, etcétera.

Una persona que está conectada con la mente subconsciente se definirá por lo que siente, y experimenta las emociones en su cuerpo. Este estadio de la mente nos ayuda a conectar con los sentidos cuando comemos, escuchamos o creamos música, pintamos y tenemos relaciones sexuales. Es muy importante porque este estadio mental nos conecta con las sensaciones. Aquí el Ser da las instrucciones para conectarnos y/o desconectarnos. Y decide desconectarnos si ve que estamos en peligro.

Cuando la mente subconsciente es utilizada de manera dominante, opera sin compromiso ni orden; el placer y disfrutar son su objetivo primordial, no tiene la menor idea de por dónde ir en la vida, carece de dominio y dirección, no hay compromiso.

Influye positivamente a que la persona anclada en la mente consciente, que opera de manera dominante, haga un alto en su vida por medio de una llamada de atención, y la ayuda a conectar con el sentir. Como puedes ver, este estrato de la mente también es un fiel aliado.

Cuando la mente subconsciente es saludable, la persona es alegre, intuitiva, creativa y goza del placer. Sin embargo, dado que ahí guardamos las experiencias de la vida, positivas y negativas, al encontrarnos en una postura negativa (que proviene de los recuerdos, las heridas emocionales), deseamos huir de la realidad con la generación de una enfermedad. Así surgen las adicciones a las drogas, la comida, el sexo, el trabajo, etcétera, así como las enfermedades.

La mente súper consciente

Es aquella que conecta con Dios, con lo hermoso de la vida, con lo bello y sublime de todo. Una persona que se rige con la mente súper consciente fluye en la vida, siempre encuentra sentido a las experiencias, jamás emite juicio de nadie ni de nada. Opera desde la honestidad, es afectiva y serena. Las virtudes son su prioridad, no tiene apegos a las personas ni a las cosas. Desea que todos ganen y juega siempre a ganar. Cualquier experiencia de la vida es buena experiencia. La persona se sabe Uno con todo y con todos, es serena y experimenta siempre paz y amor incondicional. Ve al Universo como un todo y a todas las demás personas como parte de él. Este estadio de la mente puede resultar poco práctico para quienes operan desde la mente consciente, que es analítica.

Ahora bien, ya que hemos revisado los aspectos de la mente y cómo operan, te puedo decir que todos tenemos y usamos las tres áreas, y que no existe nadie que sólo opere desde una de ellas. Sin embargo, en Occidente la tendencia más marcada es a operar desde la mente consciente de forma predominante, ya que se nos ha enseñado a emitir una razón para todo y a analizar con detalle las cosas, las personas y las situaciones. La mente consciente es importante porque nos apoya en el establecimiento de compromisos, en organizarnos y responsabilizarnos en la vida. Aun así, tendemos a desconectarnos de la mente que siente y que no ofrece la experiencia de la belleza de la vida.

La mente consciente es la encargada de generar los pensamientos a partir de una experiencia cargada de emociones.

Todos los pensamientos tienen una vibración y, a su vez, las vibraciones envían una señal que atrae otra de igual frecuencia. Por ello se ha dicho que lo semejante atrae a lo semejante; es decir, cada pensamiento que surge atrae a otro igual. Te doy un ejemplo para aclarar esta situación: si sintonizamos un aparato de radio en FM, atraeremos las frecuencias de FM y sólo esas podremos escuchar; lo mismo pasaría si lo sintonizamos en AM.

Nuestra mente opera de la misma forma: si tenemos pensamientos de odio atraemos más pensamientos de odio; y si tenemos pensamientos de amor, atraemos más pensamientos de amor. Es igual con la salud y la enfermedad: si pensamos en salud, tendremos salud; pero si pensamos en enfermedad, atraeremos enfermedad. Incluso en el caso en que lleguemos a estar enfermos, si los pensamientos son de salud, la enfermedad se va. Y te lo digo con plena convicción porque lo viví en carne propia durante mi proceso de sanación del cáncer.

Todo nuestro sistema de pensamiento tiene que ver con la abundancia o con la carencia. Cuando yo me di cuenta de cómo era mi sistema, entonces supe que yo misma había atraído la enfermedad. La mayoría de mis pensamientos estaban alineados en la carencia y eso mismo era lo que atraía. Si tuviéramos claro qué es lo que estamos pensando, cuándo y cómo, tendríamos más conciencia de la realidad que estamos generando para nuestra vida. Al aprender a observar cómo opera la mente, de inmediato te das cuenta el impresionante poder de la mente. Recuerda que:

DONDE PONGO MI ATENCIÓN, AHÍ ESTÁ MI REALIDAD

Recuerda las veces en que has pensado en algo o alguien y éste aparece; las veces que has dicho "no quiero ver a tal persona", y ésta aparece. Si tu atención está en cierto lugar, ahí estará tu realidad.

Nuestros pensamientos generan una vibración que es interceptada por otra de igual frecuencia. Cualquier pensamiento que tenemos atrae la frecuencia emitida. Por ello es de crucial importancia estar conscientes de aquello que estamos pensando; de lo que pienso-siento y de lo que siento-hago. Así, el pensamiento conduce a un estado emocional que se expresa en un estado físico.

Esto resulta más sencillo de entender cuando tomamos conciencia de nuestra historia personal, al detenernos a meditar con calma sobre todas las experiencias que hemos tenido en la vida.

Por supuesto que nadie desea enfermarse, perder su empleo o estar en medio de situaciones complicadas. Sin embargo, eso es la expresión externa de algo interno: la realidad que vivimos es consecuencia de nuestro pensamiento, el cual se genera en la mente subconsciente. Te puede parecer absurdo y hasta ridículo. Sin embargo, así es como opera la Ley de Atracción.

Cuando prestamos total atención a cada pensamiento y a su manifestación mediante la palabra y la acción, empezamos a elegir con responsabilidad: sabemos que habrá una consecuencia a las peticiones de nuestra mente. Es como si tuviéramos una lámpara mágica como la de Aladino, y con sólo pensar algo, las cosas suceden. Así de simple y claro es.

Pidamos lo que pidamos siempre seremos escuchados. El universo es infinitamente generoso y sin duda alguna obedece estas leyes.

En la Biblia dice textualmente: "Pide y se te dará; toca y se te abrirá; busca y encontrarás." Dios nos ha conferido ser coacreedores con Él, y por ello tenemos el poder infinito de crear.

Cuando un pensamiento genera una emoción, y ésta deriva en un estado físico, también surge una red neuronal. Además, en este proceso el cuerpo secreta una proteína llamada neuro-peptido; con la repetición constante de esta substancia se crea una adicción. Es decir que, cuando suceden las cosas, dicha proteína es secretada en automático y terminamos afirmando: "Siempre me pasa esto a mí", "qué infeliz soy, no nací para amar".

Una de la funciones de la mente es la memoria. Ésta es como una computadora con la capacidad de recopilar la información que le administramos. Podemos acceder a ella cuando la necesitemos ya que no se pierde, sólo se guarda. Es muy simple recordar algo que hiciste ayer, o a la primera maestra de la infancia que venga a tu mente. Tan sólo imagina cuántos acontecimientos podemos almacenar en la mente.

La mente guarda en la memoria toda la información a manera de imágenes, como si fueran fotografías que utilizamos para conducirnos en la vida.

La primera vez que vivimos alguna experiencia en la vida, será guardada como tal. Qué sucedió, con quién, cómo: todo ello es almacenado en el subconsciente. Y la parte primordial de este proceso se da desde que estamos en el vientre materno y cuando somos pequeños.

De esta forma, la mente ha fotografiado miles de escenas y situaciones que hemos vivido, y todas las experiencias que guardamos influyen en lo cotidiano y las utilizamos en diferentes espacios, tiempo y situaciones presentes y futuras.

Esta información nos sirve a lo largo de la vida para varias cosas: para resolver problemas, responder ante la vida, ya sea positiva o negativamente, y para hacernos recordar momentos pasados. Nuestra mente es tan poderosa que deriva en memorias tan sutiles como formas, colores, olores, texturas; es decir, utilizamos los cinco sentidos para recordar.

Todos los seres humanos tenemos la capacidad de acceder al banco de información de nuestra mente, y desde ahí operamos para reaccionar o para crear ante las situaciones que se presentan en la vida cotidiana.

Recuerda que la mente subconsciente es reactiva; y la mente consciente es creativa. El subconsciente reacciona porque los recuerdos que guarda provocan que se dispare cierta información que ha sido almacenada y, dependiendo de cómo se dé la experiencia nueva, cómo recuerde a la original, ésta va a saltar y salir a flote.

Por ejemplo, si tuviste una mala experiencia al aprender a andar en bicicleta, cada vez que veas a alguien montado en una, o simplemente escuches mencionar la palabra bicicleta, se disparará en ti el recuerdo esencial de la experiencia que tuviste en el pasado y tu sensación inmediata será de desagrado. Sin embargo, si tu experiencia fue maravillosa, cuando veas a alguien en una bicicleta o escuches la palabra bicicleta, el recuerdo será grato y placentero.

Como puedes ver es muy simple. Pero se necesita estar presente para darse cuenta, ya que, al ser reactiva, la mente subconsciente no pasa por el raciocinio y no se percata de este hecho con claridad.

Imagina cuántos actos y experiencias tenemos almacenadas en la mente, y son la causa de nuestras reacciones todos los días, las veinticuatro horas, día y noche. La mente no se detiene. Éste cúmulo de recuerdos genera reacciones o creaciones que determinan cómo es nuestra vida. Constantemente expresamos lo que hemos almacenado en el subconsciente.

Cuando nos damos la oportunidad de adentrarnos al maravilloso mundo de la mente y su forma de operar, encontramos que la vida tiene un sentido más ameno y divertido, dejamos de tomarnos las cosas de manera personal y vivimos con más alegría. Nos liberamos de muchas ataduras. Y éste es un derecho que todos tenemos.

Nosotros no somos nuestra mente, ni tampoco las imágenes que ésta ha guardado con el paso del tiempo. Somos un Ser con la capacidad de crear y decidir qué hacer con lo que hemos creado.

Como dirían los expertos en física cuántica, la vida es el aspecto no material, o bien, lo cualitativo o infinito. Y, por consiguiente, el mundo físico es el aspecto material, cuantitativo o finito. Como Seres tenemos la habilidad de crear y manifestar nuestras creaciones en el terreno físico. En mi caso, pude crear la salud en mi mente, mientras los médicos y la ciencia me decían y me confirmaban que estaba enferma. Es decir, la generé en mi mente y luego la materialicé en mi cuerpo físico. Sin embargo, es necesario creer para ver y no al revés, ver para creer.

El que está creando es el Ser; la mente y el cuerpo están al servicio del Ser y encarnan sus creaciones dándoles forma. En efecto, la mente da origen a las ideas, pero la fuerza motora es el Ser.

El Ser es la vida. Siempre estamos vivos porque al Ser, que es la esencia, nunca le pasa nada. Como he dicho, quizá tu

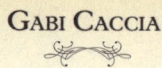
mente no acepte este concepto, pero si te das la oportunidad de hacerlo podrás reconocerlo poco a poco. Podemos usar la mente de la misma forma en que utilizamos una computadora. Le sacamos el mejor provecho cuando la ponemos a nuestro servicio, y es una maravillosa herramienta si es empleada a la luz de la conciencia.

Al ser más conscientes de cómo opera la mente y cómo almacena la información, entonces seremos más cuidadosos con lo que pensamos y decimos, porque sabemos que la mente guardará esa información y la absorberá como una gran esponja.

Cuando somos pequeños recibimos una cantidad de información, que es la que sustentará la gran mayoría de nuestras decisiones, conscientes o inconscientes, a lo largo de nuestra vida. Pero este proceso de almacenamiento es continuo y permanente, jamás se detiene. Siempre estamos almacenando más y más información.

Se dice que el tratamiento del cáncer es terrible porque los químicos entran en el cuerpo y arrasan con todo, provocando la muerte del enfermo. Recuerdo que entonces venía a mi mente toda la información que tenía sobre el cáncer. Pero me di cuenta de que estaba reaccionando a lo que otras personas habían dicho sobre la enfermedad, y entonces decidí no alimentar mis pensamientos con esa información. Pensé: "¿Qué pasaría si creo una manera diferente de ver el cáncer, si lo veo como un aliado, y no como un enemigo a vencer?"

Esta transformación del estado mental aplica para todas las experiencias de la vida. Es decir: si me han dicho que sucederá tal cosa, ¿qué sucede si pienso de otra manera y creo algo distinto? La magia sucede, por supuesto que sucede. De seguir pensando bajo los mismos patrones aprendidos, la mente reacciona y se limita a aceptar lo que tiene almacenado en la memoria.

Ya sea consciente o subconscientemente, la mente está grabando todo el tiempo nuestra vida y experiencias. Lo que marca la diferencia en la manera en que actuamos en la vida es justamente darnos o no cuenta de esto. Aunque, por supuesto, se puede estar consciente de algunos aspectos y poco consciente de otros.

En este sentido, estoy convencida de que cada experiencia es una oportunidad de sanar alguna herida emocional.

Curación de las heridas emocionales

Las heridas emocionales son situaciones dolorosas que la mente subconsciente ha guardado y están siempre ahí, a punto de estallar. Cuando lo hacen detonan sin control y, más aún, sin que entendamos qué está sucediendo. Nos rebasan. Ello provoca que nos sintamos mal, incómodos, enfermos, alterados, irritables, agresivos con todas las sensaciones desagradables que se manifiestan en el cuerpo físico, desde donde podemos "verlas".

Para curar las heridas emocionales lo primero que debemos hacer es reconocerlas sin juzgarlas. El juicio impide que sanen o que simplemente sean reconocidas. A veces el juicio es tan grande y no comprende lo que está pasando, que la mente prefiere analizarlas, juzgarlas y ocultarlas.

La técnica que utilizo para sanar las heridas emocionales es procesar o aclarar; es decir, llevar la información de la mente subconsciente a la mente consciente para que pueda reflexionar sobre ella y entonces se aclare la emoción. Mientras exista una emoción guardada en el subconsciente sin que haya salido a la luz de la conciencia, esta emoción no ha sanado. Recuerda que las emociones no son buenas ni malas: son y punto, aunque el ego diga lo contrario.

Lo anterior resulta más claro si lo vemos de esta forma: si lo que se experimenta es placentero y agradable, la mente subconsciente lo guarda y produce resultados positivos; pero si implica emociones dolorosas o desagradables, también la mente subconsciente lo guarda, pero de manera negativa.

La mente subconsciente que está impregnada de experiencias negativas, se expresa en nuestro cuerpo y así se producen las enfermedades.

Cuando decidimos procesar o aclarar lo que nos pasa, y el motivo por lo que sucede, entonces despertamos. Pero, generalmente, dar el primer paso resulta terrorífico. Como hemos aprendido a juzgar, automáticamente consideramos peligroso hablar de cosas íntimas con otro ser humano igual a nosotros. Muchas veces preferimos enmascarar la situación hasta que llega un punto en el que no podemos más y las emociones necesitan una salida: es así como la enfermedad se hace presente. Y resulta aterrador porque, a partir de una emoción dolorosa o difícil, dejamos pasar el tiempo y no expresamos lo que sentimos por temor: entonces, la mente comienza a crear imágenes alrededor de la enfermedad y a asociarla con cosas aún peores. Por ello, cuando llega el momento de expresarla, vemos que de una pequeña piedrita, hemos hecho una gran bola de nieve y no sabemos cómo abordarla. Pero con frecuencia, lo que ocurre en la mente ni siquiera llega a pasar en la realidad.

Suele parecer difícil o, en el peor de los casos, imposible, enfrentar algo doloroso. Sin embargo, como algo en nuestro interior lucha por salir, optamos por salidas o fugas por medio del alcohol, el sexo, las drogas, trabajo en exceso, la televisión, cambios externos como mudanzas de casa, ciudad o país, cambios de imagen, de los muebles de casa, ir de compras, hacer ejercicio en exceso, etcétera. Aparentemente, todo lo anterior funciona, pero sólo por un periodo corto. Muchas personas llegan a consumir medicamentos para evitar la salida de estas emociones, pero con éstos se producen efectos secundarios que los llevan a hundirse más en este mar de malestar. Todos los escapes se pueden convertir en adicciones y acarrear un final trágico. Recuerdo bien cuando yo vivía de esta manera, y un escape fue mi intento de suicidio. También experimenté la adicción a cambiar mi imagen y la comida, lo cual derivó en bulimia.

El objetivo de aclarar las emociones es liberarlas y verlas a la luz de la mente consciente. Al liberar la emoción que se ha producido por una experiencia, se da la liberación del Ser. Y con ello se logra el estado natural del Ser: la felicidad. De esta manera se sana la mente, las emociones, y en consecuencia, el cuerpo.

Recobrando nuestro poder

El poder, desde el hacer vs. el ser

Es necesario comprender lo que significa "poder". Esta palabra es sólo un símbolo y no significa lo mismo para todos. Cada individuo le dará un sentido, dependiendo lo que le hayan transmitido al respecto. Para muchos quizá significa fuerza, capacidad, influencia, opresión, manipulación, habilidad: todo ello es verdad, para quien lo cree.

Cuando mis clientes me escuchan decir que recobrarán su poder, a varios les da miedo y me dicen: "Gabi, la palabra poder no me gusta." Pero al hacer un análisis profundo, por medio de la clarificación, sobre lo que está almacenado en el subconsciente respecto a esta palabra, es posible cambiar su significado y perder el temor a utilizarla. Por mucho tiempo hemos creído que tener poder es malo, porque quienes han ejercido y usado esta palabra le han dado un significado cuestionable y esta idea ha sido transmitida así a nosotros.

Para mí, la palabra poder significa "saberse valioso", esto es conocer quién eres realmente. Una persona poderosa es aquella que sabe cuánto vale en función de quién es, y no en función de qué hace y qué tiene. Cuando sabes quién eres, lo demás se da se da y fluye como consecuencia.

El poder viene de reconocer la integridad de uno mismo, es algo intrínseco a cada ser humano. Se trata de recordarte a ti, y al hacerlo te vuelves una persona poderosa, y sabes que todos tienen el poder pero simplemente lo han olvidado.

Jamás perdemos el poder: lo usamos todo el tiempo para crear nuestra realidad. Sin embargo, muchas veces lo hacemos a partir de la mente subconsciente. Cuando te das cuenta de que tus pensamientos crean tu realidad, reconoces el gran poder que tienes y, al darte cuenta de esto, te vuelves observador de tus pensamientos. Te das a la tarea de ser co-creador con Dios, el Creador, el universo. Llámale como quieras.

Pero, ¿qué pasa cuando desconoces esto? Entonces sientes que otros ejercen poder sobre ti y tú también ejerces poder sobre los demás. De la misma manera, crees que Dios ejerce poder. Y lo único que logras con este sistema de pensamiento es seguir tratando de encontrar a Dios fuera de ti, porque estás buscando quién eres en realidad.

Este camino se recorre explorando profundamente nuestros pensamientos y sentimientos. En el momento en que podemos desenmascararnos ante nosotros mismos, cuando deseemos dar este paso, entonces conoceremos quiénes somos realmente: somos Amor, y ésa es la Única verdad.

Al darte cuenta de que eres un ser valioso, te valoras a ti mismo y a los demás; valoras al Universo entero como un ser vivo, que ha sido creado para vivir en armonía. Encuentras al verdadero Ser que eres, y sabes que tu cuerpo físico es un medio para comunicarte con otros y con el cual muestras lo que crees de ti mismo.

Por ejemplo, si observas la naturaleza, las plantas, verás que solamente existe perfección: la naturaleza responde y vive en armonía perfecta. Incluso puedes observar una planta que ya se ha secado y sigue siendo perfecta porque ha desempeñado su función. En el mundo existe únicamente perfección, y cuando tomas esto como una verdad, tu vida cobra un sentido completamente distinto. Dejas de emitir juicios porque sabes que todo cumple una función.

La frase: "Busca el reino de Dios y su justicia divina, y todo se te dará por añadidura", quiere decir para mí que el reino de Dios eres tú, soy yo y somos todos. Y cuando sabemos que Dios se encuentra en todo y en todos, lo demás se nos da por añadidura: cuando te sabes valioso, valoras; cuando te sabes bello, ves belleza a tu alrededor. Todo es un reflejo de ti mismo. Todo es y todos somos, y somos un espejo.

Hace mucho tiempo, cuando iniciaba mi camino de búsqueda espiritual, creía que debía hacer grandes cosas para saberme valorada por Dios, los demás y yo misma. Poco a poco descubrí que había gastado una cantidad enorme de energía en algo fútil. Al percatarme de que ya era, y no tenía que esforzarme en ser, fue cuando comprendí la verdad de mí. Ahora sé con certeza que nunca me equivoqué: siempre viví y actué de acuerdo con mi nivel de conciencia, la conciencia de ese momento.

Te invito a que en este momento recuerdes algún evento de tu vida en el que has tomado decisiones. Ahora piensa si con el paso del tiempo no habrías tomado la misma decisión. Evidentemente, es porque hoy tienes otra forma de ver la vida. No significa que antes te hayas equivocado, sino que tomaste decisiones de acuerdo con el nivel de conciencia que tenías en ese momento.

Cuando logras ver el mundo y tu propia vida bajo esta mirada, te abres a la verdad y te vuelves poderoso, pues sabes que tú eres el responsable de lo que decides ahora.

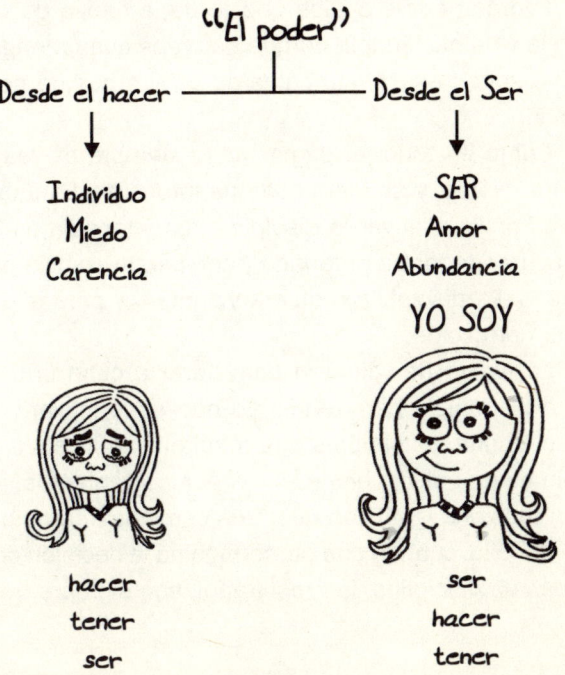

"El poder"

Desde el hacer — Desde el Ser

Individuo
Miedo
Carencia

SER
Amor
Abundancia

YO SOY

hacer
tener
ser

ser
hacer
tener

La voluntad de cambiar

La fuerza de voluntad, al igual que cualquier otra cualidad, debe ser generada por uno mismo. No puede ser de otra manera. Anteriormente he señalado que tenemos el regalo del libre albedrío. Al nacer, todos los seres humanos contamos con este tesoro. Pero de nosotros depende el uso que le demos en cada elección a lo largo de nuestro caminar en la Tierra.

La fuerza de voluntad es el resultado directo del entendimiento, el conocimiento y la decisión correspondiente. Cada persona tiene cierto nivel de fortaleza y depende totalmente de ella en qué dirección la orienta o canaliza.

Comúnmente desperdiciamos nuestra fortaleza en esfuerzos inútiles que no construyen nada, o que no nos conducen a una vida de paz y de amor. Malgastamos nuestra energía de una manera desbordada y, pasados los años, nos damos cuenta de todo lo que desperdiciamos.

Podrás pedirle a Dios que te de la fuerza de voluntad y pasarás la vida haciéndolo porque no crees que la tengas dentro de ti. El resultado será que culparás a Dios porque no escuchó tu petición.

Como en todo, el primer paso siempre es responsabilizarte de ti mismo, y se logra con una intención. Es una decisión interna e implica cultivar la disciplina. La intención es la capacidad de actuar de forma ordenada y con perseverancia para lograr un objetivo. La disciplina requiere voluntad, y para ello es esencial tener convicción.

La fuerza de voluntad para llevar a cabo la transformación está disponible para todos. Es necesario iniciar con pequeños pasos, cambios simples que resulten significativos. Cuando construimos un edificio empezamos por los cimientos, jamás por el techo: funciona igual con nuestros cambios internos.

Por ello, cuando una persona toma la decisión de cambiar y la sigue con disciplina, los resultados son siempre evidentes.

La felicidad como herencia

Quizá has escuchado o leído la premisa: "Amarás a Dios sobre todas las cosas, y a tu prójimo como a ti mismo", tal vez la sigas, creyendo que hacer el bien a los demás es lo más importante. Pero resulta que, cuando te olvidas de ti pensando que de esta manera estás cumpliendo con Dios, en realidad lo que expresas es que no te sientes digno de merecer. Puede parecerte un detalle sin importancia, pero con frecuencia es la raíz de la corriente insana en el alma. Posiblemente te resulte incómodo leer estas palabras: tal vez aferrarte al viejo esquema o hábito de no sentirte digno de Dios, te resulte más seguro. Sin embargo, si lo haces, el resultado evidente será la tristeza, la insatisfacción, la frustración con la vida y contigo mismo, incluso con los demás.

Cuándo te rechazas a ti mismo también rechazas a Aquél que te creó. Pero, ¿no te parece que ya es tiempo de que te reconozcas como un digno hijo de Dios? En este instante imagina que Dios te dice que te quiere feliz y libre. Que tu felicidad es tu herencia, la cual te ha sido entregada para compartirla con los demás. Si te sumerges en este pensamiento una y otra vez hasta que se arraigue en tu mente, se impregne en tu alma y se convierta en tu forma de verte todos los días, entonces se convertirá en la forma más espiritual y poderosa de verte a ti mismo, podrás manifestar la felicidad a través tuyo y, por lo tanto, coexistirás con los demás siendo realmente feliz.

Tu paz es la paz de Dios, y la paz de Dios es ilimitada. Por consiguiente, la paz de Dios también es tuya. Solo tú puedes privarte de ver la luz y la verdad: "Dichosos los que creen sin haber visto." Recuerda que la negación de este simple hecho adopta muchas formas: es necesario que aprendas a reconocerlas y a oponerte a ellas sin excepción y con firmeza. Éste es un paso crucial en el proceso de volver a despertar.

Cuando logras ver la vida de esta manera has dado un gran salto cuántico en conciencia. Dios siempre te mostrará

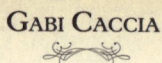

de qué manera tu amor puede ser dado a los demás, pero primero debes de estar dispuesto a amarte a ti mismo y a reconocerte, puesto que lo que Él creó forma parte de Él. Y tú has sido creado por Él.

Recuerda: Tú abres la puerta de la felicidad.

Palabras finales de Don Miguel Ruiz

Tú abres la puerta de la felicidad

La decisión la tienes tú, y cuando decidas ver, lo verás: el secreto consiste en recordar quién eres en verdad. Si comulgas con el precepto de que eres el arquitecto de tu propio destino, este libro es para ti. Aquí encontrarás una posibilidad de ver la vida con los ojos del amor, a través de adentrarte en reconocer tus pensamientos y sentimientos como la puerta más grande hacia la felicidad o la infelicidad. Gabi es un testimonio vivo de que cuando recuerdas quién eres en realidad, logras todo lo que te propones, pues eres un ser infinitamente poderoso. Me siento muy honrado de conocer a Gabi Caccia, esta mujer que ha llegado muy lejos con el mensaje de que todo es posible si así lo deseas.

TESTIMONIOS

Testimonios

Salvador Sánchez Ríos (Ingeniero, esposo y padre de familia)

"Soy muy afortunado de conocer a Gabi Caccia. Las técnicas que maneja, sus asesorías en las sesiones de clarificación y las oportunidades de participar en sus talleres y seminarios, me han sido de gran ayuda para conocerme, para redescubrirme y para disfrutar del rol más importante para cualquier persona: ser feliz. Ahora soy capaz de enfrentar la rutina y cambiarla para bien, dejando atrás todas esas tensiones que no me dejaban ver lo bonito de la vida."

José Medina (Presidente del Grupo Deyman)

"El Taller de Gabi me dejó una de las mejores enseñanzas de mi vida, mismas que en mis empresas se aplica hoy, logrando grandes beneficios para todos. El cariño que sentimos mi esposa y yo por ti es muy grande."

Ingeniero Héctor Jaspersen (Gerente de Programas para distribución en América Latina, Hewlett-Packard)

"Tengo el honor de conocer a Gabi Caccia desde hace poco más de dos años, para mí ha sido un gran regalo del universo que nuestros caminos se hayan cruzado....; a través de sus cursos y de su amistad he aprendido lo importante de mirar hacia adentro y de cuidar mis pensamientos y palabras, ya que éstos son poderosos para crear la realidad que quiero para mi vida. Yo trabajo en una empresa transnacional que es líder mundial en el ramo de la informática, en los últimos años he dirigido programas de desarrollo humano para la transformación profesional de un grupo de ejecutivos de mi empresa; Gabi me ha apoyado en ese proceso dando conferencias para transmitir conceptos sobre la sabiduría totelca, y de esta forma, mostrar un camino para llevar una existencia mas plena, con un balance integral entre vida y el trabajo. Las grandes empresas se mueven desde el corazón, no sólo desde la cabeza. Para mí, Gabi es una profesional en su ramo, una gran amiga y una hermana a quien amo profundamente."

Rafael Agüero Meixueiro (Dirección Comercial de Global Networks Technologies S.A. de C.V.)

"En mi largo trabajo personal nunca había conocido a una terapeuta tan entregada a su trabajo como Gabi Caccia. Ella es una persona completamente congruente con su misión, que trabaja hasta lo mas profundo del Ser para ayudar a la gente a encontrar la raíz de sus problemas y ayudarlos a ser libres. Hoy mi *coach* de vida se llama Gabi Caccia y estoy convencido que su trabajo de ¨aclarar¨ es lo mejor que hay. A mí me ha servido mucho y trabajo constantemente con ella para tener la claridad que necesito día con día."

Licenciado Alfonso Sánchez Anaya (Ex-gobernador de Tlaxcala)

"Invertimos tiempo, esfuerzo y recursos en aprender y prepararnos mejor para enfrentar los retos de la vida, sin embargo, muy poco es lo que dedicamos a conocernos mejor, aceptarnos, amarnos

y amar a los demás. El curso de Gabi Caccia me ayudo a ser un mejor ser humano."

Sara Méndez (Madre de familia y esposa)

"Gabi me ayudó a lo largo de cada sesión a darme cuenta de que yo soy quien decide cómo vivir cada situación de mi vida. Con ella aprendí a hacerme responsable de mis decisiones y, lo más importante, a ser congruente con mi decir y mi actuar. Me hizo abrir los ojos a tantas cosas maravillosas que tiene la vida y a disfrutar cada momento, en presente, ya que es lo único que importa, puesto que es lo único que tenemos. Aprendí a dejar atrás al pasado, los rencores, los chismes, el hacerme la víctima, el dejar de juzgar, y aprendí a quererme y a querer a los demás. Mi vida cambió radicalmente para bien, y con ayuda de Dios y de Gabi, pude darme cuenta de que el cáncer en mi vida ha sido un mensaje de amor de Dios para mí y para la gente que está a mi alrededor. Ha sido una bendición y solamente cosas buenas ha traído a mi vida. Soy una nueva persona, más alegre, más feliz, más cariñosa, más congruente conmigo y con Dios. Gabi me ayudó en este proceso... Gabi, solamente puedo decirte Gracias, te quiero mucho."

Raúl Fernando Rivera (Director de Territorio Royal Prestige, México)

"He tenido la bendición de trabajar con Gabi Caccia por casi un año. Gracias al taller que imparte de la maestría del amor y a su asesoría personal, he vivido el proceso más maravilloso de mi vida: el proceso de entenderme, de conocerme, de amarme. Gabi ha sido parte fundamental del crecimiento que he tenido con mi familia y del éxito que actualmente tiene mi empresa, no sólo por la capacitación o la oportunidad de nuestro negocio, sino por la calidad de seres humanos que han llegado para quedarse y a crecer junto a nosotros. Gabi has sido un ángel para mí, mi familia y mi empresa. Te agradezco de corazón todo tu apoyo, tu amor y tus enseñanzas. Gracias, gracias y mil gracias."

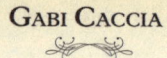

David Steinberg (Empresario)

"El taller de Gabi cambió mi vida radicalmente y me ayudó a entender lo que quiero para mí."

Mónika Sánchez (Actriz y presidenta de la Fundación Fernando Sánchez Mayans)

"Al reflejarme dentro del espejo del amor encontré la aristocracia del espíritu y la verdadera esencia del ser. Sólo un camino podía acercarme... tu mano me llevó hasta ahí, Gabi, ¡gracias por este maravilloso taller!"

Lorena Tassinari (Cantante y actriz)

"Gabi Caccia te hace ver que lo que nos falta es querer cambiar y aprender nuevos acuerdos, que todos podemos adoptarlos como forma de vida."

Gabi Caccia imparte sesiones personales, consultoría
empresarial, talleres y conferencias.
Puedes contactarla en: www.lapuertadegabi.com

Este libro se terminó de imprimir en el mes de
Noviembre del 2009, en Impresos Vacha, S.A. de C.V.
Juan Hernández y Dávalos Núm. 47, Col. Algarín,
México, D.F., CP 06880, Del. Cuauhtémoc.